mandelbaum *verlag*

Christoph Gödan

DIE GROSSEN MÜTTER
Leben mit Aids in Afrika

Mit einem Vorwort von Henning Scherf

mandelbaum *verlag*

Vorwort

Wir sechs Scherfgeschwister sind in den Kriegsjahren nur mit Hilfe unserer Großmutter über die Runden gekommen. Unser Vater war aktiv in der Bekennenden Kirche und saß deswegen unter den Nationalsozialisten immer wieder im Gefängnis. Unsere Mutter war an Typhus erkrankt, was damals häufig vorkam, und lag monatelang auf der Intensivstation. In dieser Notlage hat unsere Großmutter, die als Waise selbst ein schweres Leben gelebt hatte, uns mit unendlicher Mühe, großer Improvisation und Bescheidenheit am Leben gehalten. Auf Fotos aus dieser Zeit sieht man uns als sechs strahlende, gut genährte Kinder. Neben uns steht unsere kleine Großmutter – eine hohlwangige, übermüdete alte Frau. Doch es war ihre Kraft, die uns am Leben gehalten hat. Ganz ähnlich ergeht es heute den Großmüttern im südlichen Afrika, die für ihre Enkelkinder, deren Eltern an Aids gestorben sind, die letzte erreichbare Lebenshilfe geworden sind. So lebt zum Beispiel Thombile Nsindane in der Nähe von Durban, der zweitgrößten Stadt Südafrikas. Ihre acht Söhne sind an Aids gestorben. Sie ist nun für 15 Verwandte, darunter die Kinder ihrer verstorbenen Söhne, verantwortlich. Das ist eine ungleich größere Herausforderung als die Sorge, die sie als junge Frau, damals noch mit ihrem Mann an der Seite, für ihre eigenen Kinder zu tragen hatte.

Wie so ein Leben für eine fast 70-jährige Frau aussieht? Thombile Nsindane beschreibt ihren ermüdenden Alltag mit kargen Worten: »Ich stehe immer früh auf, und dann wasche ich die Teller, fege den Fußboden und hole Wasser aus dem Brunnen. Manchmal muss ich auch Holz sammeln zum Kochen, denn wenn die Kinder aus der Schule kommen, sollen sie etwas zu essen bekommen.« Doch das mit dem Essen ist so eine Sache. Das kleine Grundstück, auf dem eine traditionelle Rundhütte aus Lehm und Stroh, verstärkt mit Blechteilen, steht, trägt nur wenige Kohlköpfe und Bohnenstauden. Ihre Rente von rund 100 Euro und eine kärgliche staatliche Unterstützung für vier der verwaisten Enkelkinder sind die materielle Basis, die für 16 Menschen Monat für Monat ausreichen muss. Und jeden Monat wieder wird es knapp. Wäre da nicht die örtliche Hilfsorganisation MUSA (Muthande Society for the Aged), wüsste Thombile Nsindane so manches Mal nicht, wie sie ihre

Lieben über die Runden bringen soll. Die Helferinnen und Helfer von MUSA kümmern sich um ihre Versorgungsanträge, kaufen Schuluniformen für die Enkelkinder und bringen auch schon mal Spinat oder Kohl aus dem großen Garten des Hilfszentrums mit.

In keinem Land der Erde gibt es mehr HIV-positive Menschen als in Südafrika. Geschätzte 5,7 Millionen Menschen sind hier mit HIV infiziert oder bereits an Aids erkrankt. Die Ansteckungsrate liegt bei fast 20 Prozent. Besonders schwer ist die Provinz KwaZulu-Natal betroffen, in der Thombile Nsindane ihre Familie durchzubringen versucht. Hier, im Osten des Landes, in den Townships um die Millionenstadt Durban herum, sind etwa 30 Prozent der Menschen infiziert. Eine ganze Generation stirbt hier weg. Kaum eine Familie, die nicht unter dem Verlust oder der Pflege schwerkranker Angehöriger zu leiden hat. Rund 300.000 Waisen leben in der Region – zumeist versorgt von ihren Großmüttern, die in ihrem hohen Alter längst selbst Hilfe bräuchten. Dieses Lebensmodell ist in Afrika keine Randerscheinung mehr. Von den 12 Millionen Waisen, die auf dem Kontinent in der Folge von Aids versorgt werden müssen, leben über die Hälfte bei ihren Großeltern, vor allem bei den Großmüttern.

Erst in den letzten Jahren sind die Alten in den Fokus der Aids-Hilfe gerückt. Zu Beginn der Pandemie ging es vor allem um die Versorgung der Kranken selbst und der verwaisten Kinder. Erst mit der Zeit wurde deutlich, dass Aids ganze Familiengeflechte sowohl sozial wie auch materiell ruiniert. Besonders hart trifft es auch die ältere Generation: Die Kinder sind erkrankt, verlieren ihre Arbeit und sterben, meist verarmt. Und anstatt die alten Eltern zu unterstützen, wie es in Afrika traditionell der Fall ist, hinterlassen die Kinder den Eltern die Enkel. 50 Prozent der alten Menschen hier leben unterhalb der Armutsgrenze. Keine Altersversorgung, keine Hilfe bei den mühseliger werdenden täglichen Verrichtungen, dafür aber das körperlich und nervlich anstrengende Aufziehen kleiner und halbwüchsiger Kinder – alte Frauen und auch Männer in Afrika sind einer unvorstellbaren familiären Belastung ausgesetzt. Seit nun schon 25 Jahren versuchen die HelferInnen von MUSA, die desolate Situation der alten Menschen in den Townships um Durban zu verbessern. Aufklären über die Krankheit, die die jungen Leute hinwegrafft, Aids-Kranke pflegen und die Hinterbliebenen unterstützen – das sind die selbst gewählten Aufgaben dieser kleinen, aber so wichtigen Organisation, die inzwischen 20.000 Menschen erreicht.

Wie viel die bescheidene Hilfe einer kleinen Organisation vor Ort bewirken kann, zeigt auch ein weiteres Projekt, das dieses Buch vorstellt. Die Organisation Kwa Wazee – zu Deutsch »Für alte Menschen« – wurde Ende 2003 in Tansania, in der Region Kagera in der Nähe des Viktoriasees, gegründet, um alte Menschen, die von extremer Armut betroffen sind, zu unterstützen. Als sich Aids ab Mitte der 1980er Jahre in Afrika auszubreiten begann, war die Region Kagera eines der ersten und am stärksten betroffenen Gebiete. Hier wurde jedes fünfte Kind zur Halb- oder Vollwaise.

Seither unterstützt Kwa Wazee alte Menschen, deren Familien von Aids betroffen sind, mit einem monatlichen Geldbetrag von derzeit umgerechnet 5 Euro sowie mit Kinderzulagen für Großmütter, die für Enkelkinder sorgen. Etwa Frauen wie Bibiana Mthura, die mit ihren 82 Jahren sechs Enkelkinder gemeinsam mit ihrer Tochter durchbringen muss. Von ihren elf Kindern, die sie geboren hat, sind Bibiana Mthura zwei geblieben.

Mit der Altersrente ist es Kwa Wazee gelungen, die Lebenssituation der Aids-Waisen und ihrer Großmütter nachweislich zu verbessern. Das betrifft sowohl die Ernährung wie auch die Arbeitssituation der Familie. Kinderarbeit und Betteln, Tagelöhnerarbeit und Notverkäufe sind sehr viel seltener geworden. Viele Enkel können nun zur Schule gehen und danach spielen. Die Großmütter können sich gesundheitlich erholen. Eine Lösung aller Probleme bedeutet die kleine Rente nicht. Doch immerhin, so vieles ist mit nur geringen Geldbeträgen zu realisieren.

Einige dieser wunderbaren alten Frauen habe ich bei meinem Besuch in Südafrika kennengelernt. Sie sind für mich im Sinne des Wortes »Große Mütter«. Ohne sie gäbe es für Millionen Kinder auf diesem Kontinent keine Lebensperspektiven. Doch in den Hilfsprojekten und internationalen Kampagnen kommen sie so gut wie nicht vor. In ihrem Kampf für die Enkel und gegen die Aids-Pandemie bleiben sie meist auf sich allein gestellt. Sie und ihre Lebenslage möchte ich in die Entwicklungszusammenarbeit einbeziehen. Sie zu fördern ist nachhaltiger als viele gigantische Infrastrukturprojekte, bei denen ein Großteil der Gelder in der korrupten Bürokratie versickert.

Wir müssen uns bewusst machen, dass die Frauen, die dieser Bildband aus Südafrika und Tansania versammelt, nur wenige sind unter vielen alten Menschen in den Entwicklungsländern, die Tag für Tag um ihr eigenes Überleben und das ihrer Familien kämpfen müssen. 80 Prozent der SeniorInnen in den Entwicklungsländern haben kein regelmäßiges Einkommen. 100 Millionen alte Menschen müssen derzeit sogar mit weniger als einem US-Dollar pro Tag auskommen. Umso mehr beeindruckt mich immer wieder der persönliche Einsatz alter Menschen für andere – und wie viele gehen dabei bis an den Rand ihrer Belastungsfähigkeit!

Ich möchte mit dazu beitragen, dass wir globale Antworten finden auf den demografischen Wandel. Überall verschiebt sich die Zusammensetzung unserer Gesellschaften – hier durch den medizinischen Fortschritt und Kinderlosigkeit, dort durch das Sterben einer Generation. Das Ergebnis ist: Immer mehr Alte leben mit immer weniger Jungen zusammen. Ich bin überzeugt, dass die Antwort auf die sich verändernden Gesellschaften nur die sein kann: Wir müssen zusammenrücken. Die Generationen müssen sich mehr gegenseitig helfen. Das sage ich als ein Großvater, der zwar von seinen Enkeln räumlich getrennt lebt, sich aber dennoch müht, zur Stelle zu sein, wenn er gebraucht wird. Und natürlich ist dies kein täglicher Einsatz und schon gar nicht von materieller Not überschattet. Umso größer ist mein Respekt diesen Frauen gegenüber, die die Sorge für ihre Enkel Tag für Tag unter den widrigsten Umständen übernehmen. Dieser Bildband zeigt, wie viel alte Menschen für ihre Gesellschaft zu leisten in der Lage sind. Wir sollten sie dabei nicht allein lassen.

Der Fotograf Christoph Gödan reiste zwei Monate durch die tansanische Westprovinz Kagera und die Townships der Industriemetropole Durban in Südafrika. Mehr als 50 dieser von der Aids-Pandemie betroffenen Familien hat er aufgesucht. Mit seinen Porträtfotografien und Interviews hat er eindrucksvoll die Lage der alten Frauen und ihrer Kindeskinder sichtbar gemacht. Ich danke ihm sehr für diese wichtige Arbeit und wünsche dem Bildband große Resonanz.

Henning Scherf

»Viel Schokolade macht hungrig auf Oliven«

Christoph Gödan im Gespräch mit Jörg Boström

Die fotografische Arbeit von Christoph Gödan verbindet die sachliche Analyse, das uneingeschränkte Engagement für seine Arbeitsinhalte mit einer konzeptionell durchdachten und in den ästhetischen Mitteln eigenwilligen Gestaltung. Dieses Zusammenwirken von Inhalt und Form gibt seiner Fotografie die starke, unverwechselbare Ausdruckskraft. In der Themenwahl seiner freien Projekte ist Christoph Gödan auf die völker- und menschenrechtlichen Brüche und Verbrechen gerichtet. In diesen in Darstellung und Erfahrung hoch belasteten Bereichen sowohl in der Recherche wie in der Gestaltung bewegt sich seine Kamera – zugleich auch, um etwas damit zu bewegen.

Die Methode der fotografischen Dokumentation setzt zugleich durch ihre Distanz in überzeugender Weise die Bereitschaft des Betrachters zum genauen Sehen und zum Engagement frei. Fotografie und Politik im Kampf für neue, immer wieder durchzusetzende, endlich wirksame Menschenrechte gehen in der Arbeit von Christoph Gödan eine enge Verbindung ein.

Die Fotografien in diesem Buch, welche afrikanische Großmütter und ihre Enkelkinder zeigen, deren Familien von der Aids-Pandemie schwer getroffen sind, geben auch die Würde des Menschen wieder. Sie sind mit großer Sorgfalt inszeniert und haben eine Bildqualität, die mit der menschlichen Qualität in einem engen Verhältnis steht. Wir kennen aus Afrika viele Elendsbilder, wir kennen Bilder von Menschen in Not und Hunger, aber selten erscheinen in den Fotografien die Menschen als authentische, würdevolle Wesen.

Gerade diese Großmütter und ihre Enkel sind bei Christoph Gödan mit Schönheit und Lebenswillen ausgestattet. Auch hier hat er das Thema des Todes dargestellt, aber aus der Sicht des den Tod umgebenden und über den Tod triumphierenden Lebens.

Jörg Boström: *Wir kennen einander jetzt seit über 20 Jahren. Die freien Arbeiten, die ich von dir kenne, handeln alle mehr oder weniger von der Nähe zum Tod. Ist dir eigentlich klar, dass du gefühlsmäßig solche Projekte suchst?*

Politisiert haben mich die Geschichten und Bilder aus dem Zweiten Weltkrieg. Ich meine die Geschichten meiner Eltern und später jene, die ich in Büchern gelesen habe. Aber die meiner Eltern hatten diese persönliche Unmittelbarkeit. Die Nähe zum Krieg und zum Tod war also schon in meinen Kindheitstagen gegenwärtig. Zuerst hatte dieser Krieg durchaus eine heroische Komponente. Da hingen dann Dutzende Flugzeuge aus dieser Zeit an meiner Zimmerdecke. Ich habe sie aber schnell abgehängt, als ich die ersten Bücher von Überlebenden der Konzentrationslager gelesen habe. Zur selben Zeit sah ich die Fernsehbilder und Fotografien aus Vietnam und bekam meine erste Kamera. Als Jüngling hatte ich dann beschlossen, die Welt mit den Mitteln der Fotografie zu retten.

Wie hast du dir das damals vorgestellt?

Einfach und naiv. Ich war davon überzeugt, dass meine Fotografien dem Leiden ein Ende setzen würden. Viele Politiker, die damals das Sagen hatten, waren Überlende des Faschismus. Ob als Soldat oder Lagerhäftling. Die konnten in meiner Vorstellung unmöglich über diese Bilder hinwegsehen. Sie mussten handeln und dem Leid ein Ende setzen. Ich war zehn oder elf Jahre jung.

Das war damals deine naive Vorstellung. In deinem späteren Leben hast du tatsächlich in Kriegs- und Krisengebieten fotografiert. Bis heute. Ich kenne ja deine Arbeiten aus Bosnien, wo du den Massenmord dokumentiert hast, oder Reportagen aus der eingeschlossenen Stadt Mostar. Vor wenigen Monaten warst du in Somalia. Und – hast du die Welt inzwischen gerettet?

Jetzt sind wir mitten in der Frage, ob Fotografie aus Kriegs- und Krisengebieten einen positiven Nutzen hat oder nicht. Ich denke, wir müssen diese Frage umkehren: Wie sähe die Welt aus, wenn es diese Bilder nicht gäbe? Wobei es einen großen Unterschied macht, ob wir von der Wirkungsweise heute oder von der vor 30 bis 40 Jahren sprechen. Du erinnerst dich sicherlich an die Bilder des Fotografen Ronald Haeberle, der das Massaker von My Lay in Vietnam fotografiert hat, als amerikanische Soldaten über 500 Zivilisten in diesem Dorf niedergemetzelt haben: Frauen, Kinder, Alte. Nicht einmal ein Tier blieb am Leben. Die Bilder hatten ihre Wirkung. Als sie damals im »life«-Magazin veröffentlicht wurden, gab es eine wesentliche Kehrtwende in der amerikanischen Öffentlichkeit in Bezug zum Vietnamkrieg. Hätte es die Bilder damals nicht gegeben, wäre die US-Regierung nicht bloßgestellt worden: Amerikaner massakrieren Frauen und Kinder in Vietnam. Für die Vietnampolitik der Amerikaner waren diese Bilder ein Desaster. Für die Studentenbewegung aber ein gefundenes Fressen. Es scheint also so zu sein, dass Fotografie ihre Wirkung hat. Zumindest, wenn der politische Kontext gegeben ist und die Fakten hart sind.

Die Situation heute ist aber eine andere. Die Masse an visuellen Informationen, die uns täglich erreicht, lässt uns Konsumenten in gewisser Weise kapitulieren. Krisen und Kriege finden heute in Echtzeit statt. Der entscheidende Punkt ist außerdem der: Wer versorgt uns mit welchen Informationen und welche werden uns vorenthalten? Was hat Priorität und was nicht? Ist die Hungerkatastrophe in Ostafrika wichtiger als die Euro-Krise? Sind jährlich 2 Millionen Aidstote in Afrika weniger wichtig als die Rettung Griechenlands? Würde man die Masse an Informationen allein einer Woche in einem Tagebuch zusammenfassen – ich meine die Informationen, die von existentieller Wichtigkeit für das Gros der Menschheit sind –, dann wäre das Ergebnis sicherlich die Kapitulation vor der Informationsflut. Die Frage nach der Wirksamkeit von Fotografie stellt sich in diesem Zusammenhang deshalb nur bedingt. Kommt noch hinzu, dass die Einseitigkeit der Informationsverteilung offensichtlich nur an unseren eigenen Bedürfnissen ausgerichtet ist. Die Katastrophe in Ostafrika war medienrelevant schon nach kurzer Zeit »abgegessen«. Was wiederum nichts mit der Realität zu tun hat, denn die Katastrophe hat tatsächlich ihren Zenit noch gar nicht überschritten. Es scheint nur so, weil uns die Informationen vorenthalten werden. Kurz: Der Durchschittskonsument denkt: »Ich höre aus Somalia nichts mehr, also scheinen die NGOs und die Vereinten Nationen die Lage im Griff zu haben.« Das ist natürlich völliger Blödsinn. Stattdessen muss man sich jeden Abend auf jedem Sender in den ersten fünf bis zehn Minuten in jeder Nachrichtensendung die immer gleichen Politikervisagen mit ihren Sprechblasen zur Euro-Rettung einverleiben. Nein, eigentlich beginnt es schon fünf vor acht, wenn 3,5 Millionen deutsche Aktionäre exklusiv und fünf Minuten lang mit ihrem Zahlenschrott versorgt werden.

Du stellst die Fotografie hier in einen ziemlich komplexen Zusammenhang. Denkst du nicht, dass die Fotografie nur ein Medium unter vielen ist und zudem einen sehr subjektiven, interpretativen Charakter hat?

Was mich an der Fotografie reizt, ist die Möglichkeit einer eigenen Erzählweise. Ich laufe ja keinem Anspruch an eine Wahrheitsfindung hinterher, sondern dem Anspruch an eine mit mir ausgemachte Erzählweise. Das ist das, was in diesem Beruf wirklich Freude bereitet. Das Weitertragen von Lebensgeschichten, die andere erleben. Vorausgesetzt, die Bilder stehen in Einheit mit einem guten Text.

Gehen wir doch zu dem Projekt in diesem Buch über. Es handelt von Aids in Afrika. Du hast in Tansania und Südafrika mehr als 50 Familien besucht, in denen die Aids-Pandemie zu zahlreichen Toten geführt hat. In weiten Teilen Afrikas stirbt die mittlere, produktive Generation aus. Ich sehe aber kein Leid, wie ich es von anderen Bildern zu diesem Thema gewohnt bin, sondern ziemlich ästhetische Porträts.

Das war auch meine Absicht. Jedes dieser Porträts ist inszeniert. Manche mehr, manche weniger. Aber nur das Bild an sich erzählt ja nichts. Also habe ich Interviews mit diesen Frauen geführt, die mir ihre Geschichte erzählt haben und die ihrer Enkelkinder. Es wäre ziemlich sinnlos gewesen, das nicht zu tun. Diese Katastrophe lässt sich nur erklären, wenn man die erzählen lässt, die es betrifft.
Ich hatte auch nicht im Sinn, würdelose Situationen gezielt aufzusuchen und abzubilden. Manche Porträts sprechen allerdings für sich, was das betrifft. Die prekäre Lebenssituation der Alten findet sich in den Texten wieder. Das halte ich für ausreichend, denn an sich hat die Meisterung eines solchen Lebens sehr viel Würde verdient. Diesen Aspekt wollte ich mit den Porträts darstellen.

Bis heute ist mir die soziale und kulturelle Wirkung der Fotografie sehr wichtig. Das finde ich auch sehr stark in deiner Arbeit. Hast du bis heute auch dieses Vertrauen in den Sinn deiner Bilder?

Ich habe das Vertrauen in den Sinn der Fotografie nie verloren. Ich bin der Meinung, dass sie sehr sinnstiftend ist, auch wenn die eigene Arbeit Gefahr läuft, im digitalen Bilderbrei, an dessen Produktion ich ja selbst auch beteiligt bin, unterzugehen. Was man im Leben auch immer treibt, wenn es einem Lebenssinn gibt, hat man natürlicherweise den Drang, diesen weiterzugeben. Die Begegnung mit den Familien hat mir und den Familien sehr viel Sinn gegeben. Ich bin seit dieser Reise wesentlich resistenter gegen so manche flache Meinung zum Thema Aids, weil ich die unfassbaren Nöte kennengelernt habe, die Aids auslöst. Die Familien wiederum haben deshalb von unseren Begegnungen profitiert, weil die Ausstellung nach Angaben der Organisation HelpAge um die 50.000 Euro Spendengelder generiert hat, die wiederum in die Projekte zurückgeflossen sind. Eine solche Sinnstiftung wünsche ich mir natürlich häufiger. Die Ausstellung tourt seit 2007 fast ununterbrochen durch Deutschland und die Schweiz. Zudem gibt es bei zahlreichen Ausstellungen ein Rahmenprogramm, das viele Menschen erreicht, besonders dann, wenn Hannelore Hoger und Henning Scherf mal wieder die Ausstellung eröffnen. Meist geht das Rahmenprogramm über mehrere Tage. Der Informationsgehalt über die Zusammenhänge der Aids-Pandemie in Afrika ist damit relativ hoch.

Nun hat sich die Welt der Fotografie durch die Digitalisierung stark verändert. Manipulationen sind nahezu unbegrenzt möglich. Die direkte Anbindung an die »äußere« Wirklichkeit ist nicht mehr gegeben, hinzu kommt die uferlose Produktion von Bilddaten. Welche Möglichkeiten siehst du noch in der auf die visuelle Realität bezogenen Fotografie?

Die Frage ist an dieser Stelle sehr passend, denn die Fotografien in diesem Buch waren meine letzte analoge Produktion. Ich habe seitdem keinen Film mehr in eine Kamera eingelegt. Ein Grund, warum ich der analogen Zeit nachtrauere, ist der der Muße und der Pausen. Das Auswechseln der Filme beispielsweise führt dazu, dass die Menschen sich entspannen. Nach zehnmal Auslösen ist Schluss und der Porträtierte sieht, dass du nicht mehr mit ihm, sondern mit dir und deinem Apparat beschäftigt bist. Diese Art Unterbrechungen müssen heute künstlich erzeugt werden. Es gibt zahlreiche Beispiele in diesem Buch, in denen sich Personen in diesen Pausen die Körperhaltung angeeignet haben, die ich für richtig hielt. Die Digitalisierung war die Abschaffung der Langsamkeit in jeglicher Hinsicht.
Inhaltsverändernde Manipulationen nehme ich in der digitalen Fotografie nicht vor, wenn ich das Bild am Monitor bearbeite. Manipuliert habe ich aber

schon immer im Sinne einer Inszenierung vor Ort. Wenn mir die Bildkonstruktion nicht passt, versuche ich alles, um meine Vorstellung von einem Bild mit der Abbildung möglichst in eine identische Form zu bringen, soweit die äußeren Bedingungen es zulassen. Oft aber ist das Abwarten die sinnvollste Möglichkeit, einer Fotografie das zu geben, was ich von ihr erwarte. Das kleine Mädchen Elida Johnbosco hatte wahnsinnige Angst vor mir. Zuerst schien es so, als würde sie sich nicht fotografieren lassen. Da standen wir nun, die Fahrer, mein Übersetzer, ihre Geschwister, ihre Großmutter und ein weißer Fotograf, der partout auf dieses Bild nicht verzichten wollte, im tansanischen Dschungel. Das war alles zu viel für sie. Dann kam im ersten Gespräch noch heraus, dass ihre Mutter erst unlängst an Aids gestorben war. Was also tun? Wir haben uns dann alle hinter die Hütte gesetzt und mit ihr gespielt, statt auf sie einzureden. Nach einer halben Stunde hatte sie die Angst verloren, weil der weiße Riese mit seinen Apparaten anscheinend nichts Böses wollte und ich zuerst an ihrer Welt teilgenommen habe und nicht umgekehrt. Im Spiel haben wir beide Vertrauen geschöpft. Dann war der Weg frei. Anschließend hat sie im Prinzip alles gemacht, was ich von ihr für das Bild brauchte. Das ist Manipulation.
Composing in der Werbung oder Kunst finde ich akzeptabel und auch sehr reizvoll. In der Dokumentarfotografie hat das allerdings nichts zu suchen. Inhaltsbezogene Manipulationen sind bei Wettbewerben wie dem World Press Photo Award oder dem Hansel-Mieth-Preis verboten. Wenn da im eingereichten Bild gegenüber den Rohdaten ein Schuh fehlt oder ein Baum wegretuschiert wurde, dann wird dir die Teilnahme verweigert. Das halte ich für richtig und wichtig. Realitätsferne, virtuelle Welten, wie man sie täglich im Internet oder anderswo konsumieren kann, erzeugen aber bei vielen Menschen die Sehnsucht nach Authentizität. Das ist bezogen auf die Fotografie nicht anders. Viel Schokolade zu essen macht hungrig auf Oliven.
Mit der Bilderflut, die wir selbst produzieren, schneiden wir uns ins eigene Fleisch. Wir Fotografen sind mehr denn je auf eine Zweitverwertung unserer Fotos angewiesen, also beliefern wir die Bilddatenbanken. In meinem Fall ist das die Agentur *laif* in Köln. Die Folge ist, dass eine Redaktion für bestimmte Themen einen Fotografen vor Ort gar nicht mehr benötigt. Redaktionen haben inzwischen Zugriff auf 200 Bildagenturen weltweit mit Millionen von Bildern, die von Profis bestückt werden. Also wird der Kosten-Nutzen-Faktor abgewogen. Einen Fotografen hinschicken oder erst einmal auf Bildersuche

gehen? Über eine einheitliche Bildsprache muss man sich dann nicht mehr unterhalten, wenn der eine Fotograf den Kürzeren gezogen hat gegenüber der Online-Auswahl bereits vorhandener Bilder des Bildredakteurs, die von verschiedenen Fotografen aufgenommen wurden. Dieses Zweitverwertungssystem erinnert mich an einen Frosch, der seinen Tümpel mit Sand füllt, in der Hoffnung, dass das Wasser ansteigt.

Wenn man sich mit der Aids-Epidemie in Afrika beschäftigt, landet man unweigerlich bei der katholischen Kirche und dem nun etwas gelockerten Kondomverbot. In Ausnahmefällen dürfen Kondome nun benutzt werden, etwa wenn der Ehepartner HIV-positiv ist. Hast du dich mit dem Thema beschäftigt?

Wer aus ideologischen Gründen in Afrika Kondome verbietet, mordet. Wer als katholische Nonne oder Priester in Afrika Kondome verteilt, fliegt aus dem Verein raus. Zu gerne würde ich genau wissen, wie viele Menschenleben der Vatikan mit diesem Verbot auf dem Gewissen hat. Die Zahl wäre sicherlich gigantisch.

Tansania
Provinz Kagera

(...) Mein Enkel Hegibati hat vor ein paar Tagen unsere zweite Hütte abgebrannt, als er Insekten mit einer Gummilunte vertreiben wollte. Wir haben sie als Küche benutzt, weil wir hier keinen Platz haben. Jetzt muss ich mit den sechs Enkelkindern und meiner Tochter in dieser einen Hütte leben. Kochen müssen wir jetzt draußen.

(...) Von den elf Kindern, die ich zur Welt gebracht habe, sind mir nur zwei geblieben. Ja, wahrscheinlich sind einige von ihnen an dieser Seuche gestorben. Die Menschen haben mir gesagt, dass sie Aids heißt.

(...) Ohne die Hilfe von Kwa Wazee wären wir schon längst verhungert. Manchmal hat meine Tochter einen Job bei Nachbarn. Dafür bekommt sie ein paar Früchte, Mais und Bohnen, aber kein Geld. Ich glaube aber, sie muss da noch mehr tun als arbeiten. Was ich damit meine, will ich nicht sagen. Sie spricht auch nicht darüber.

(...) Ich habe kein Geld, um meinen Enkeln etwas zu essen zu machen, wenn sie in die Schule gehen. Gut, manchmal habe ich paar Früchte für sie, aber das ist selten. In der Schule bekommen sie nichts zu essen. Dann kommen sie hungrig wieder nach Hause.

Bibiana Mthura

Bibiana Mthura, 82, Kihimulo

Elida Johnbosco, 4, Itongo

Grab der Mutter Adelina Johnbosco, Itongo

22   Aidan Karuan, 12, und Evodia Karuan, 14, Itongo. Elida Johnboscos Geschwister

Aurelia Mlabi, 78, Itongo. Elida Johnboscos, Aidan und Evodia Karuans Großmutter

(...) In den fünf Gräbern vor meiner Hütte sind mein Mann und vier meiner Kinder begraben. Alle vier sind an Aids gestorben.

(...) Meine Tochter Nacifa starb vor zwei Jahren, kurz vor ihr mein Schwiegersohn. Seitdem lebt mein Enkel Naura bei mir. Erst als Nacifas Mann starb, wusste ich, dass Nacifa auch nicht mehr lange leben wird, weil auch sie schon sehr krank war. Sie kam hierher, um zu sterben. Zwei Jahre hat es gedauert. Sie ist elendig zugrunde gegangen.

(...) Ich bin nur noch müde. Wenn Aids nicht unsere Familie heimgesucht hätte, wäre ich nicht so depressiv geworden. Eigentlich will ich nicht mehr leben. Aber meine Enkelkinder brauchen mich. Ich habe nur große Angst davor, was wohl mit ihnen geschieht, wenn ich tot bin.

AMINA SHABANI

Amina Shabani, 75, Mugaba

26   Jospina Joseph, 14, Itongo

27 Felista Basheka, 78, Itongo. Jospina Josephs Großmutter

(...) Jospinas Vater hat sich nie um sie gekümmert. Nachdem meine Tochter bei ihrer Geburt gestorben ist, hat er sich aus dem Staub gemacht.

(...) Vor zwei Monaten ist er im Süden in einem Krankenhaus an Aids gestorben. Wir wollten ihn besuchen, haben die lange Reise gemacht, damit sie ihn wenigstens ein einziges Mal in ihrem Leben sehen kann. Aber er hat es abgelehnt. Wir durften sein Zimmer nicht betreten. Von diesem Schock hat sich Jospina bis heute nicht erholt.

(...) Mein einziger Sohn wohnt dort drüben. Sehen Sie die Hütte mit den Bananenblättern als Dach? Das ist das Zeichen für Armut. Wenn es regnet und der Sturm zu stark ist, dann schlafen seine Kinder in nassem Heu.

(...) Ja, wir hungern. Manchmal haben wir nicht einmal mehr Kochbananen zum essen, weil die Trockenheit schon zu lange andauert. Auf den Markt brauche ich nicht zu gehen, weil ich mir den Mais oder die Bohnen nicht leisten kann.

Felista Basheka

Eisha Ramasan, 9, Nshamba

30 Rosaria William, 69, Kihimulo, mit ihrem Enkel Lovin Mbaraka, 1

(...) Es geht mir nicht gut. Das Dach meiner Hütte ist undicht und es regnet hinein. Der Boden ist dann nass und dann wissen wir nicht, wo wir schlafen sollen.
(...) Insgesamt habe ich sechs Enkelkinder. Ich bin stolz auf sie, weil sie mir oft helfen. Zwei leben bei mir: Lovin und Keibira. Es sind die Kinder von meinem Sohn Trasias und meiner Tochter Plaxeda. Er starb mit 45, sie mit 35.
(...) Ich habe ausreichend Erfahrung mit Hunger. Es gab Zeiten, in denen ich nicht mehr wusste, wie ich uns ernähren sollte. Erst seitdem ich die Rente von Kwa Wazee bekomme, habe ich keine so große Angst mehr vor der Zukunft. Von den 9.000 Tansanischen Schilling (= 3,80 Euro) pro Monat kann ich uns wenigstens etwas zu essen kaufen, wenn mein bisschen Land nichts mehr hergibt.

ROSARIA WILLIAM

Miliana Bwijukya, 82, Kihimulo

Desta Saulo, 11, Kihimulo. Miliana Bwijukyas Enkelin

Adulet Aloys (stehend), 16, Geschwister Apedi (links), 11, und Bethines, 14, Nshamba

(...) Als ich elf Jahre alt war, starb unsere Mutter an Aids. Das war vor fünf Jahren. Unser Vater starb zwei Jahre zuvor. Seitdem führe ich den Haushalt für meine beiden Schwestern, sorge für Essen und Kleidung und dass wir pünktlich in die Schule kommen. Aber vor einem Jahr konnte ich nicht mehr. Ich wusste nicht mehr, was ich tun sollte. Da bin ich zu Doktor Kurti (der Schweizer Entwicklungshelfer Dr. Kurt Madörin, *Anm. C. Gödan*) gegangen. Ohne ihn wären wir verhungert (...)

ADULET ALOYS

Fatuma Abdale, 70, Mzinga

37 Ashadu Simon (links), 9, und Amadi Zainabu, 7. Fatuma Abdales Enkel

Denis Julius, 12, Kihimulo

Adventina Julius, 68, Kihimulo. Denis und Tobias Julius' Großmutter

Grab der Mutter Demetria Julius, Kihimulo

Tobias Julius, 13, Kihimulo

42

43   Regina Mpanju, 66, Itongo

(..) Oh, wie soll ich das jetzt erklären? Ich habe sechs Kinder zur Welt gebracht und drei sind inzwischen gestorben. Mein ältester Sohn lebt hier in meiner Lehmhütte mit seiner Frau. Ich weiß nicht, wo er sich rumtreibt. Ab und zu arbeitet er als Tagelöhner, aber er bringt das Geld nicht mit nach Hause. Meine Schwiegertochter hat noch eine Enkelin hierher mitgebracht. Sie heißt Faida. Es ist meine Urenkelin.

(...) Meine andere Tochter starb vor fast drei Jahren an Aids, kurz nach der Geburt von Kaumbia, der auch hier lebt. Ihr Mann ist kurz vor ihr verstorben, er hat sie sicherlich angesteckt, weil er sich mit anderen Frauen rumgetrieben hat. Als sie sehr krank war, kam sie hierher zu mir, um zu sterben.

(...) Witness ist das Mädchen dort im Türrahmen. Sie ist meine Enkelin und lebt auch bei mir. Jetzt ist sie acht Jahre alt und eine sehr gute Schülerin. Ich bin stolz auf sie.

(...) Ob ich nochmals eigene Kinder haben wollte? Niemals. Auf keinen Fall. Hier in meiner Hütte ist ständig Streit. Ich wundere mich, dass ich so alt geworden bin.

KIBUZOI ERNESTI

Kibuzoi Ernesti, 88, Nshamba

Kemilembe (links), 16, und Emerita Gordian, 14, Nshamba

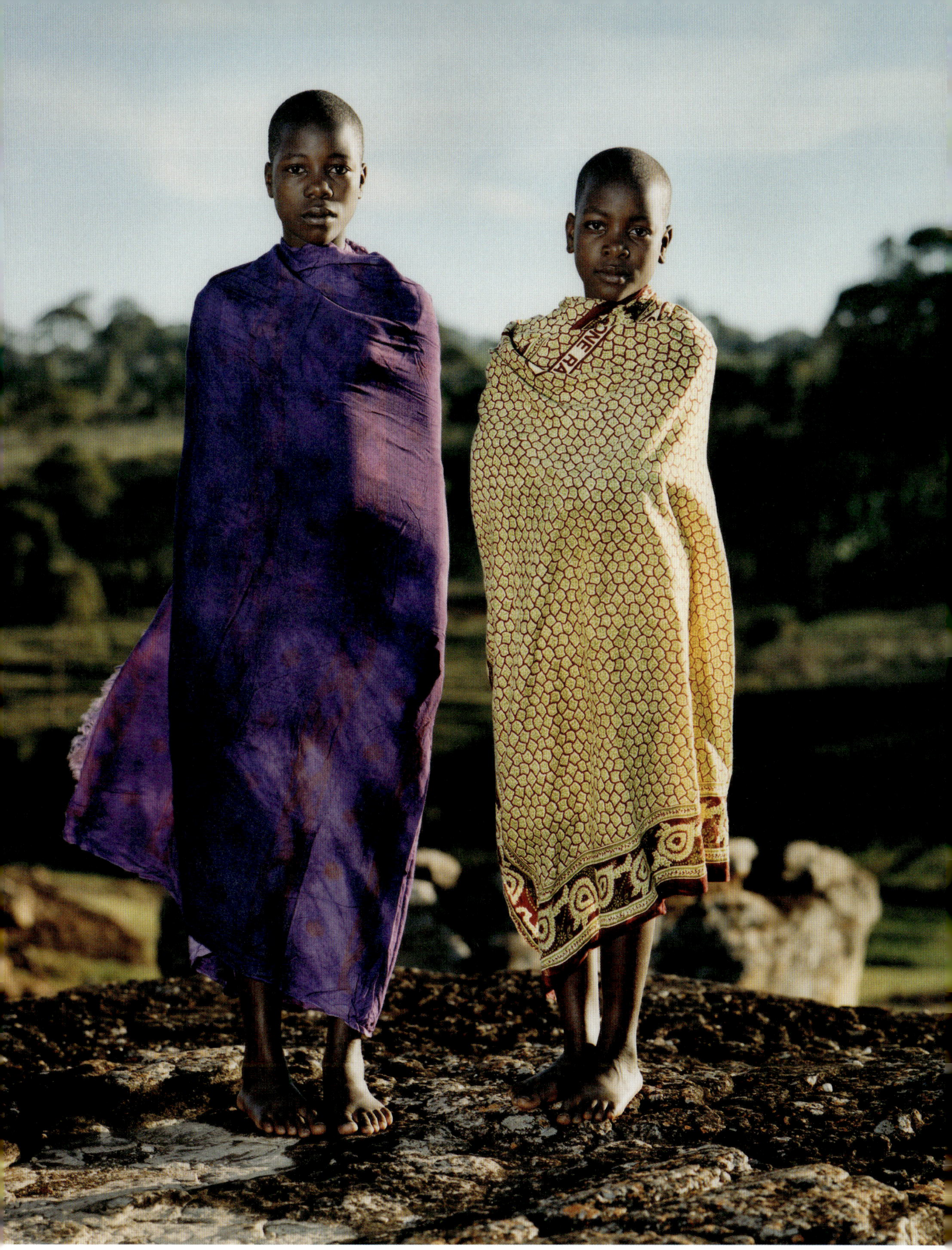

48 Grab der Tochter von Geraldina Wilibard

49 Geraldina Wilibard, 56, Kihimulo

(...) Vor zwei Jahren hat mich mein Mann verlassen. Er ist zu einer anderen Frau gegangen. Kurz danach bin ich sehr krank geworden, aber die Ärzte haben mir nicht gesagt, welche Krankheit ich habe. Ich bin hier zwei Monate in der Hütte gelegen und wusste nicht, ob ich überleben werde.

(...) Als mein jüngster Enkel Bernhard zwei Jahre alt war, ist meine Tochter einfach von hier weggegangen. Eines Morgens war sie nicht mehr da. Ich habe nie wieder etwas von ihr gehört. Ich spüre aber genau, dass sie nicht mehr lebt.

(...) Die Väter von Bernhard und Frenki kenne ich nicht. Meine Tochter hat es mir nie gesagt. Wir hatten deshalb ständig Streitereien, weil ich wissen wollte, wo die Väter leben und wer sie sind.

(...) Ich bin zu schwach, um auf unserem Feld zu arbeiten. Hoffentlich gibt mir Gott wieder meine Kraft zurück, sonst weiß ich nicht, wie wir die nächste Zeit überleben können.

GERALDINA WILIBARD

Bernhard Eradius, hinten, 9, und Frenki Mukisha, 14, Kihimulo. Geraldina Wilibards Enkel

(...) Bevor ich bei Kwa Wazee aufgenommen wurde, hatte ich nichts. Ich war darauf angewiesen, dass mir die Nachbarn etwas Nahrung gaben.
(...) Seitdem ich weiß, dass ich Aids habe, lebe ich in Angst. Mein Leben hat sich verdunkelt.
(...) Mein Mann ist vor fünf Jahren gestorben. Er hat mich infiziert. Lange Zeit habe ich nicht gewusst, dass ich diese Krankheit in mir trage, und nun weiß ich nicht, ob ich meine drei Enkelkinder angesteckt habe.
(...) Mein Leben wäre viel leichter, wenn ich eine Zisterne hätte. Der nächste Fluss ist weit weg und dort gibt es kein sauberes Wasser.
(...) Ich glaube, dass ich nicht mehr lange leben werde. Obwohl ich nächste Woche zum ersten Mal Medikamente bekomme. Was ist dann mit meinen Enkelkindern, wenn ich sterbe? Vielleicht können sie bei meinen anderen Töchtern leben. Aber wenn die Familien erfahren, woran ich gestorben bin, dann werden sie die Kinder nicht aufnehmen.

REGINA CLEOPHAS

Regina Cleophas, 55, mit ihrer Enkelin Eudovia Eustard, 6, Kihimulo

Sesilia Petro, 78, Itongo

55   Odeta Gosbert, 13, Itongo. Sesilia Petros Enkelin

(...) Das Einzige, was mir noch Freude bereitet, ist meine Enkelin Odeta. Ansonsten sehe ich keinen Grund, warum ich noch leben sollte. Schauen Sie mich und mein Leben an! Mir bleibt nur die Trauer um meine vielen verstorbenen Kinder.

(...) Mein anderer Enkel arbeitet als Tagelöhner. Er schlägt in den Wäldern Feuerholz und verdient damit ein wenig Geld. Aber er gibt es nur für Drogen aus. Er kommt nur hierher, um hier zu schlafen.

(...) Ich habe zehn Kinder zur Welt gebracht. Nur ein Sohn ist noch am Leben. Vier starben, als sie kleine Kinder waren. Die anderen sind an Malaria und Aids gestorben.

(...) Meine Hütte wird bald zusammenbrechen. Hoffentlich passiert es nicht in der Nacht, wenn wir schlafen. Wo wir dann leben sollen? Ich kann es nicht sagen.

(...) Odeta ist tagsüber in der Schule. Der Weg dorthin ist sehr weit. Also warte ich hier am Weg, bis meine Nachbarn vorbeikommen, um mir Wasser vom Fluss mitzubringen. Das ist meine einzige Möglichkeit, weil ich nicht mehr gut laufen kann.

Anna-Maria Martin

Anna-Maria Martin, 82, Itongo

Eingang zur Lehmhütte von Anna-Maria Martin

Anna-Maria Martins Altar

David (stehend), 12, und Godfrey Fideli, 10, Nshamba

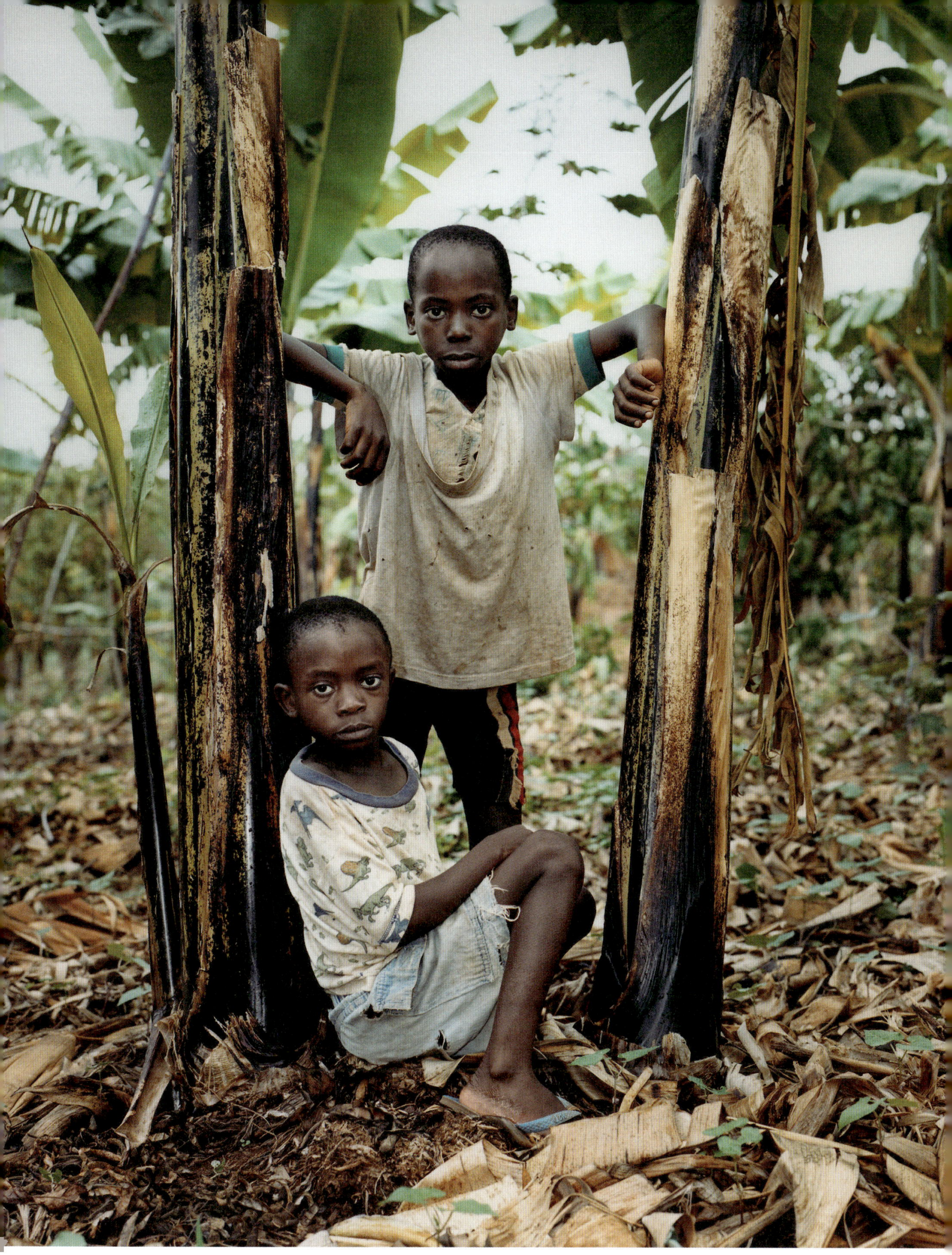

Rosaria Andrea, 63 (rechts), und ihr Enkel Stelius, 7 (links), Kihimulo

(...) Wir haben kein Geld für Türen. Deshalb kann ich nachts schon lange nicht mehr schlafen, weil ich Angst vor wilden Tieren und Dieben habe. Tagsüber bin ich manchmal so müde, dass ich nichts mehr spüre.
(...) Ich mache mir andauernd Gedanken über die Zukunft. Besonders dann, wenn wir wieder nichts zu essen haben. Dann helfen uns die Nachbarn aus, aber wir müssen ihnen das Essen wieder zurückgeben.
(...) Die meisten Sorgen mache ich mir um meinen Enkel Stelius. Sein Vater starb vor sechs Jahren an Aids. Seine Mutter lebt wieder in ihrer Familie. Das ist Tradition. Es ist aber sehr weit weg und deshalb haben wir kaum Kontakt zu ihr.
(...) Es ist mir peinlich, meinem jüngsten Sohn und meinem Enkel nicht genügend Essen geben zu können. Stelius geht morgens mit leerem Magen zur Schule. Wenn er dann am Nachmittag nach Hause kommt, ist er schwach und krank vor Hunger.
(...) Stelius hat keine Schuhe. Die können wir uns nicht leisten.
(...) Kwa Wazee wird uns eine neue Hütte bauen. In zwei Monaten werden wir dort einziehen können. Bis an mein Lebensende werde ich Dr. Kurti dafür dankbar sein.

ROSARIA ANDREA

(...) Alles hat sich geändert, seitdem Aids in diese Gegend gekommen ist. Jede Familie hier ist von dieser Seuche betroffen.

(...) Meine beiden Töchter sind an dieser Seuche gestorben. Deshalb leben die beiden Kinder bei mir. Meine Schwiegersöhne haben sie angesteckt, da bin ich mir sicher, denn sie sind vor ihnen gestorben.

(...) Wir Großmütter haben aber keine Energie mehr, um unsere Enkelkinder zu erziehen. Um was soll ich mich sonst noch alles kümmern? Mein kleines Feld gibt nichts her, die Kochbananen wachsen nicht gut, weil der Regen ausbleibt. Schulgeld für Amoni werde ich nicht zahlen können, wenn er im nächsten Jahr auf die weiterführende Schule soll.

(...) Wenn ich an ihre Zukunft denke, kriege ich Kopfschmerzen. Ich habe Angst um meine Enkel. Schauen Sie sich um, was hier los ist unter den Jugendlichen: Diebstähle, Prostitution, keine Arbeit. Wie wird ihr Leben später aussehen? Meine Enkelin Aneti ist geistig behindert. Was wird aus ihr werden? Wo wird sie unterkommen? Eine Behinderte wird nirgendwo aufgenommen, weil sie eine Last ist. Nacht um Nacht mache ich mir Gedanken über die beiden Kinder. Ich kenne niemanden, der sie aufnehmen wird, wenn ich bald sterbe.

Rovina Mshabao

Rovina Mshabao, 73, Igabiro

Arnoldi Nestroy, 13, Itongo

Tereza Rweyemamu, 72, Itongo. Arnoldi Nestroys Großmutter

Lilian Leverian, 15, Nshamba

Amina Shabani, 75, Mugaba

(...) Nein, einen Politiker habe ich hier in der Gegend noch nie gesehen, obwohl viele junge Menschen sterben. Sie sterben wie die Fliegen. Nie hat uns ein Politiker geholfen. Nie. Die interessieren sich nicht für uns. Dar es Salaam ist weit weg.

(...) Mein Sohn bekam plötzlich diese offenen Wunden im Gesicht, kurze Zeit später starb er. Ein paar Jahre später starb meine Tochter. Das ist fünf Jahre her. Seitdem leben Raina und Diana bei mir.

(...) Wünsche für die Zukunft habe ich keine. Ich bin schon froh, wenn wir die nächste Woche überleben.

(...) Wir Alten treffen uns regelmäßig. Das hat Dr. Kurti so eingerichtet. Ohne ihn und seine Mitarbeiter wären wir längst verloren.

(...) Wenn ich nicht meine Sorgen auf den Treffen loswerden könnte, dann wäre ich sicherlich schon verrückt geworden

Odilya Martin

Odilya Martin, 80, Biirabo

Südafrika

Provinz KwaZulu-Natal

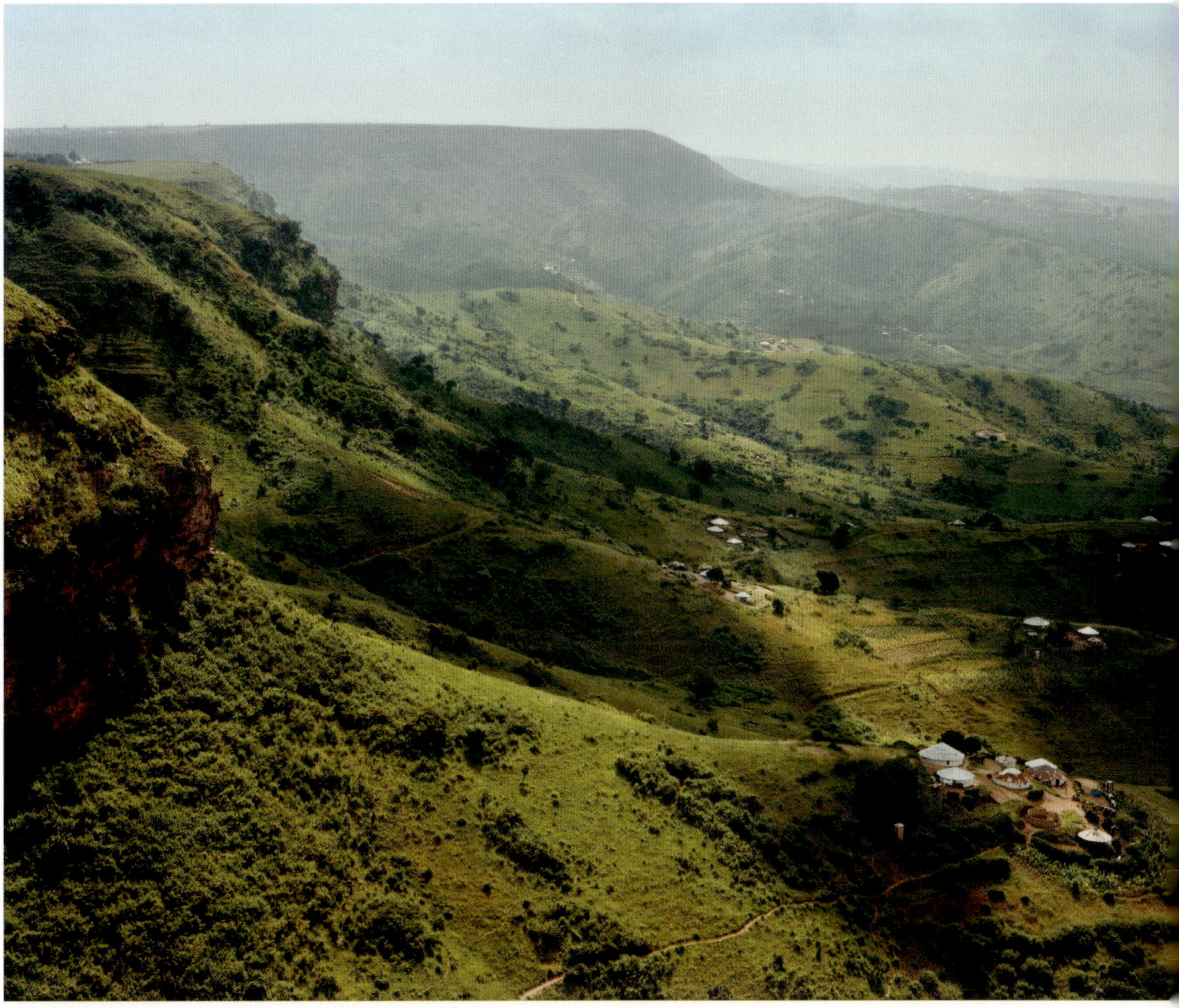

76

Ettie Buthelezi, 85, Township Clermont, Durban

(...) Seine Mutter hatte Aids und ist an den Folgen einer Tuberkulose gestorben. Wo sein Vater ist, wissen wir nicht. Kurz vor Sphamandlas Geburt ist er verschwunden. Wir haben nie eine Nachricht von ihm erhalten.
(...) Wir haben kürzlich einen Test mit Sphamandla gemacht. Jetzt weiß ich, dass auch er infiziert ist. Er hat Aids, damit müssen wir leben. Er wird sich bei seiner Geburt mit dem Virus angesteckt haben.
(...) Am ganzen Körper hat er diese Pusteln, offene Wunden, die sich entzünden. Trotzdem ist er ein guter Schüler. Aber er kann am Sportunterricht nicht teilnehmen, denn er bekommt kaum Luft.
(...) Je älter er wird, desto weniger spricht er.

Patricia Ntini

Patricia Ntini, 76, Tafelkop

Sphamandla Ntini, 9, Tafelkop

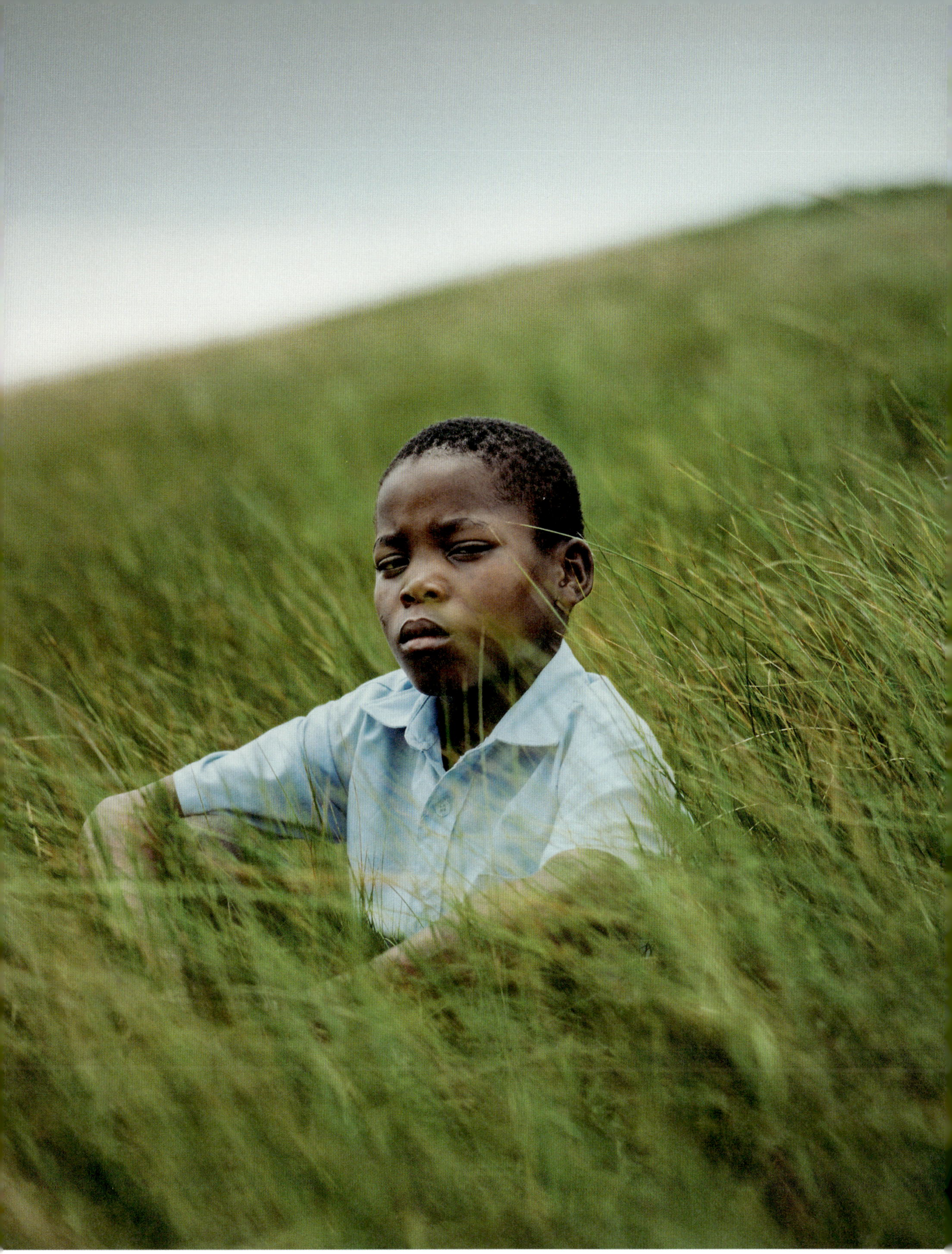

(...) Wie viele Menschen hier in der Hütte leben? Einen Moment, da muss ich erst einmal nachzählen. Es sind sechzehn. Dreizehn Kinder, meine Schwester Basheshile, meine Tochter Maria und ich.
(...) Im letzten Jahr starb mein letzter Sohn. Er war der Achte, der in den letzten zehn Jahren starb.
(...) Noch zwei weitere Töchter habe ich verloren. Ich möchte aber darüber nicht sprechen.
(...) Nein, sie waren keine kleinen Kinder mehr. Alle waren sie erwachsen. Ob das mit Aids zu tun hat? Darüber will ich mit Ihnen nicht sprechen. Warum stellen Sie all diese Fragen?
(...) In den letzten drei Wochen haben wir nur Maisbrei und Bohnen gegessen.
(...) Wenn kein Essen mehr da ist, warten wir, bis meine Rente ausbezahlt wird. Nur wenn es uns ganz schlecht geht, fragen wir unsere Nachbarn, ob sie uns helfen können.

THOMBILE NSINDANE

Thombile Nsindane, 68, Tafelkop

Basheshile Ngcongo, 63, Thombile Nsindanes Schwester, und
Großneffe Noshile Nsindane, 2, Tafelkop.

Noshile Nsindane, 2, Tafelkop

Ndumiso Nsindane, 6, Tafelkop

Zonke Nsindane, 5, Tafelkop

Wohnbaracke im Township Richmond Farm, Durban

Sindisiwe Mlamlas Schlafplatz, Township Richmond Farm, Durban

(...) Bei der Geburt von Ntokozo hat seine Mutter den HI-Virus auf ihn übertragen. Jetzt hat er Aids. Ich habe von Medikamenten gehört, die eine solche Übertragung verhindern, aber damals gab es die noch nicht. Sie ist im März letzten Jahres mit 35 gestorben. Angesteckt wurde sie von meinem Schwiegersohn. Er hat sich eben mit anderen Frauen getroffen, die auch infiziert waren. (...) Er wohnt hier ganz in der Nähe. Ntokozo und meine Enkelin Quetulwezi haben Kontakt zu ihm, aber ich möchte mit ihm nicht mehr sprechen. Jetzt lebt er mit einer anderen Frau zusammen, die wie er Aids hat. Vor zwei Jahren haben die beiden einen Jungen bekommen. Natürlich ist das Kind HIV-positiv zur Welt gekommen.
(...) Ich jedenfalls spreche nicht gerne über die Krankheit. Aber wir müssen es tun. Wir müssen die Kinder aufklären. Bei MUSA habe ich gelernt, wie ich mit ihnen sprechen soll. Alleine wäre mir das schwergefallen.

GERTRUD SHABALALA

Gertrud Shabalala, 72, Township Lamontville, Durban

Ntokozo Shabalala, 10, Township Lamontville, Durban

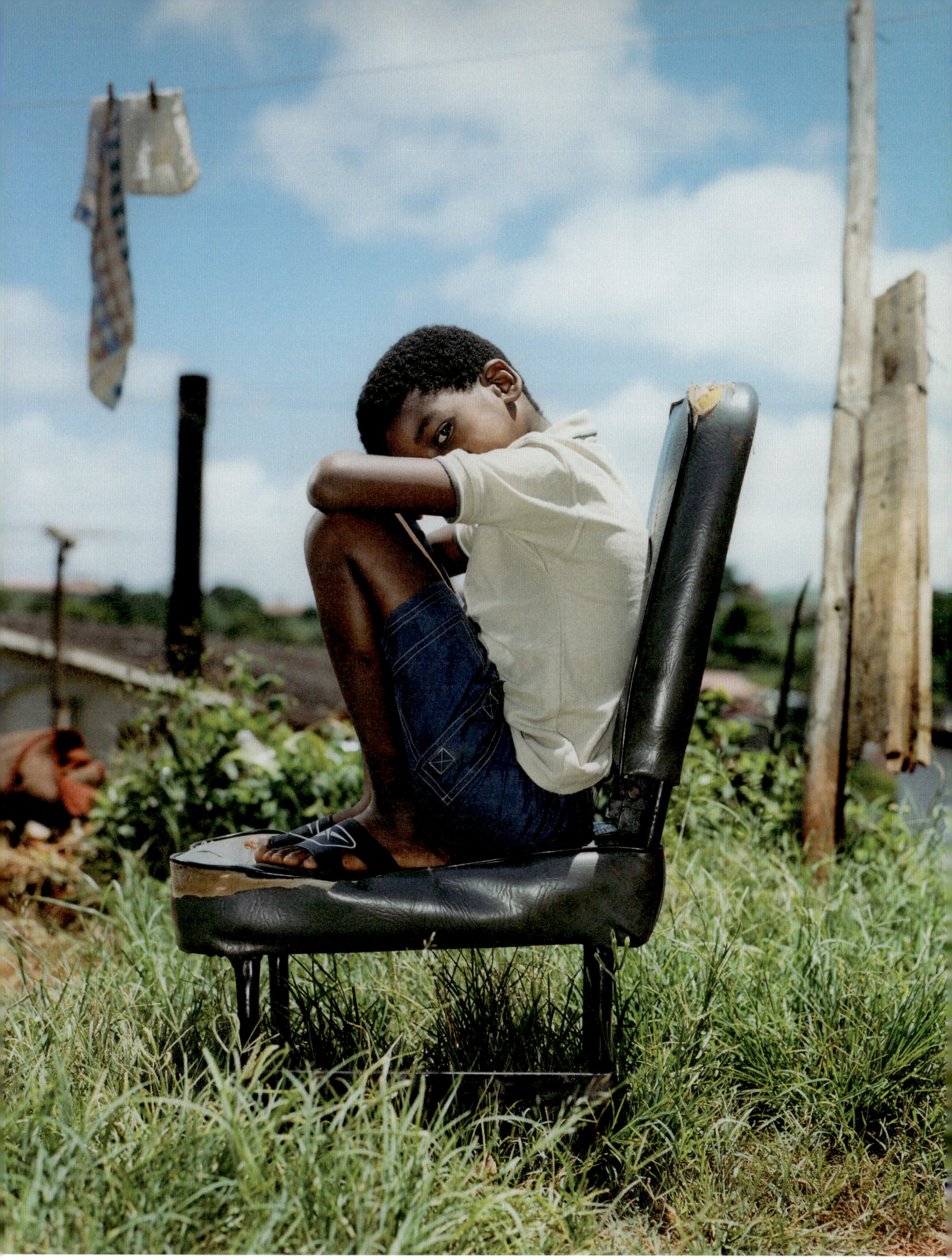

94 Hochzeitsfotografien von Sindisiwe Mlamlas verstorbenen Eltern, Township Richmond Farm, Durban

Sindisiwe Mlamla, 15, Township Richmond Farm, Durban

(...) Beide Kinder sind gesund. Ich bin mir ganz sicher, obwohl ich noch keinen Test mit ihnen gemacht habe.
(...) Ich habe solche Angst, diese Katastrophe noch einmal erleben zu müssen. Mein Sohn und meine Tochter sind daran zugrunde gegangen. Diese Zeit war die schlimmste in meinem Leben.
(...) Mit Familien, in denen es Aidskranke gibt, spricht man nicht. Diese Isolation macht einen krank. Das habe ich selbst jahrelang erlebt.
(...) Zu den Jugendlichen hier in der Gegend sage ich immer wieder: Wenn ihr euren Verstand nicht benutzt, werdet ihr sterben, wie die anderen. Deshalb besuche ich Familien, in denen es Aidskranke gibt, und spreche mit den Kindern. Wir Alten sind die, die überlebt haben, und wenn wir sie nicht erreichen, wird es in ein paar Jahren noch viel mehr Tote geben.

REMEMBER PHUMALU

Remember Phumalu, 70, Township Richmond Farm, Durban

Ndomiso Phumalu, 13, Township Richmond Farm, Durban

1505

100 Londeka Madlalas Schlafplatz, Township Chesterville, Durban

Londeka Madlala, 15, Township Chesterville, Durban

Tabete Ziphi, 64, Tafelkop

(...) Sphamandla ist der Jüngste. Er ist zehn. Er macht mir Angst, weil er seit dem Tod seiner Mutter nicht mehr spricht. Sie starb vor drei Monaten. Wir wussten zuerst nicht, was mit ihr los ist. Im Krankenhaus, als es zu spät war, haben wir erfahren, dass sie Aids im Endstadium hat. Alles ging sehr schnell.

(...) Malingbongwe kommt mit ihrem Tod etwas besser zurecht. Aber auch er macht mir einen depressiven Eindruck. Er hat mir erzählt, dass er jede Nacht von seiner Mutter träumt.

(...) Nein, der Vater meiner beiden Enkel lebt auch nicht mehr. Er kam bei einer Schießerei in Durban ums Leben. Das war 2003.

(...) Was mich bedrückt, ist diese Heimlichtuerei. Jeder sieht, was hier los ist. Plötzlich stirbt ein Kind oder eine erwachsene Frau. Jeder hier weiß, warum, aber alle haben Angst, darüber zu sprechen. Die Angst ist das Schlimmste.

(...) Was wir brauchen, ist Aufklärung. Jemand von der Regierung sollte kommen und endlich allen sagen, was hier vor sich geht.

Tabete Ziphi

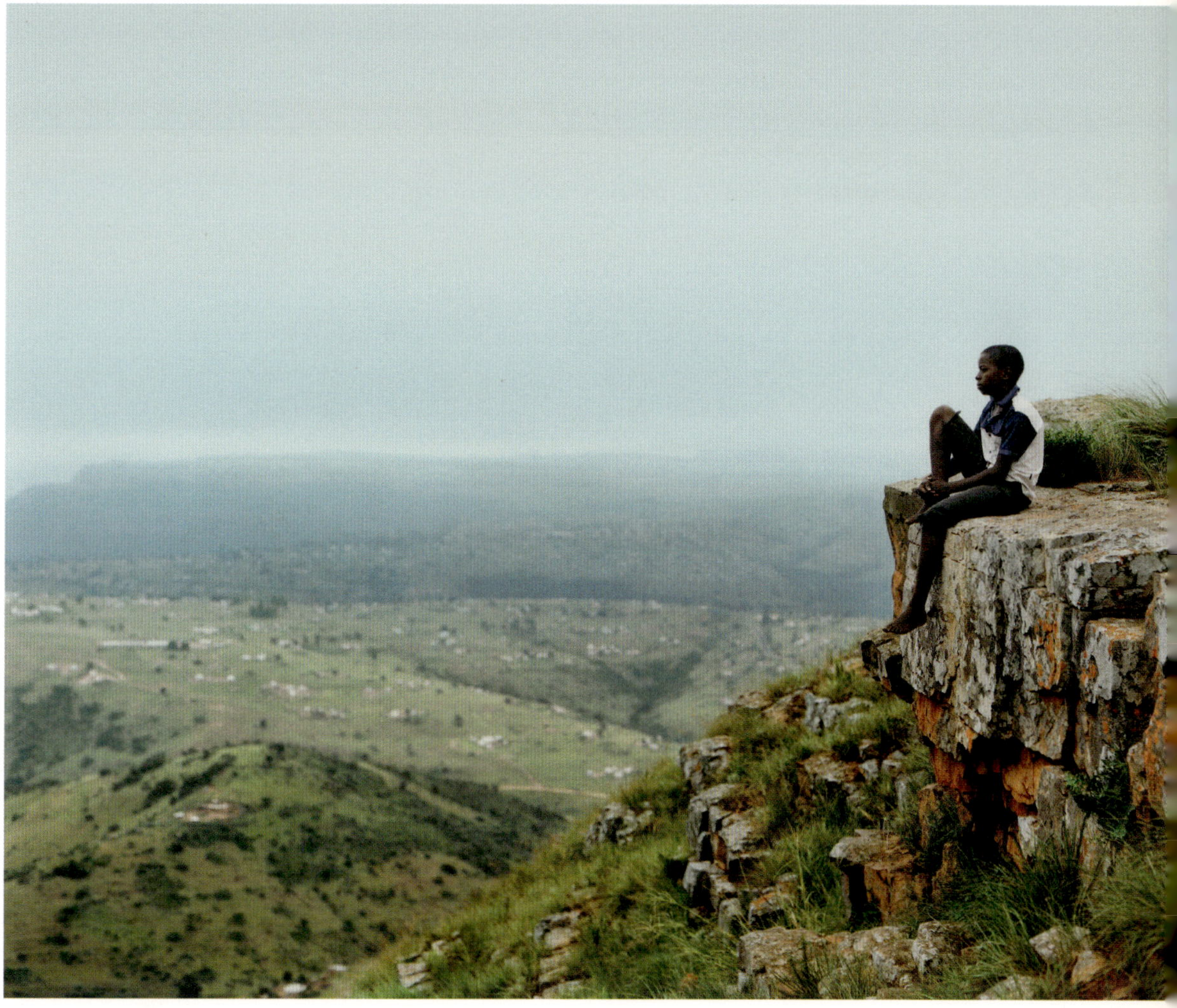

(...) Vier Jungs habe ich das Leben geschenkt. Keiner ist mehr am Leben. Zwei von ihnen wurden während der Unruhen am Ende der Apartheid erschossen. Hier in den Townships war praktisch Krieg. Der Dritte ist überfallen worden. Das war 2003. Es war einer dieser sinnlosen Überfälle, die hier jeden Tag stattfinden. Und Mlungusis Vater ist an Aids gestorben.
(...) Hier sterben Menschen, weil sie ein Handy oder ein paar Rand in der Tasche haben. Oder du stirbst, weil du nicht die richtigen politischen Gedanken hast.
(...) Nein, meine Pension reicht überhaupt nicht aus. Meine drei Enkel und ich haben nicht einmal das Geld für einen Herd. Unser Essen müssen wir in einer alten Dose warm machen.
(...) Fragen Sie Mlungusi. Er wird Ihnen bestätigen, dass die Jugendlichen genau wissen, dass Aids in Südafrika das größte Problem überhaupt ist. Aber wenn es darauf ankommt, ist alles vergessen. Sie schützen sich nicht, es ist ihnen egal. Mit 17 bekommen die Mädchen ihr erstes Kind. Dann stellt sich heraus, dass Kind und Mutter den Virus in sich tragen. So ist das hier.
(...) Für meine drei Enkel wünsche ich mir nur, dass sie einen guten Beruf erlernen, damit sie aus dieser elenden Armut herausfinden.

Konzaphi Madlala

Konzaphi Madlala, 67, Township Lamontville, Durban

Mlungusi Madlala, 22, Township Lamontville, Durban. Konzaphi Madlalas Enkel

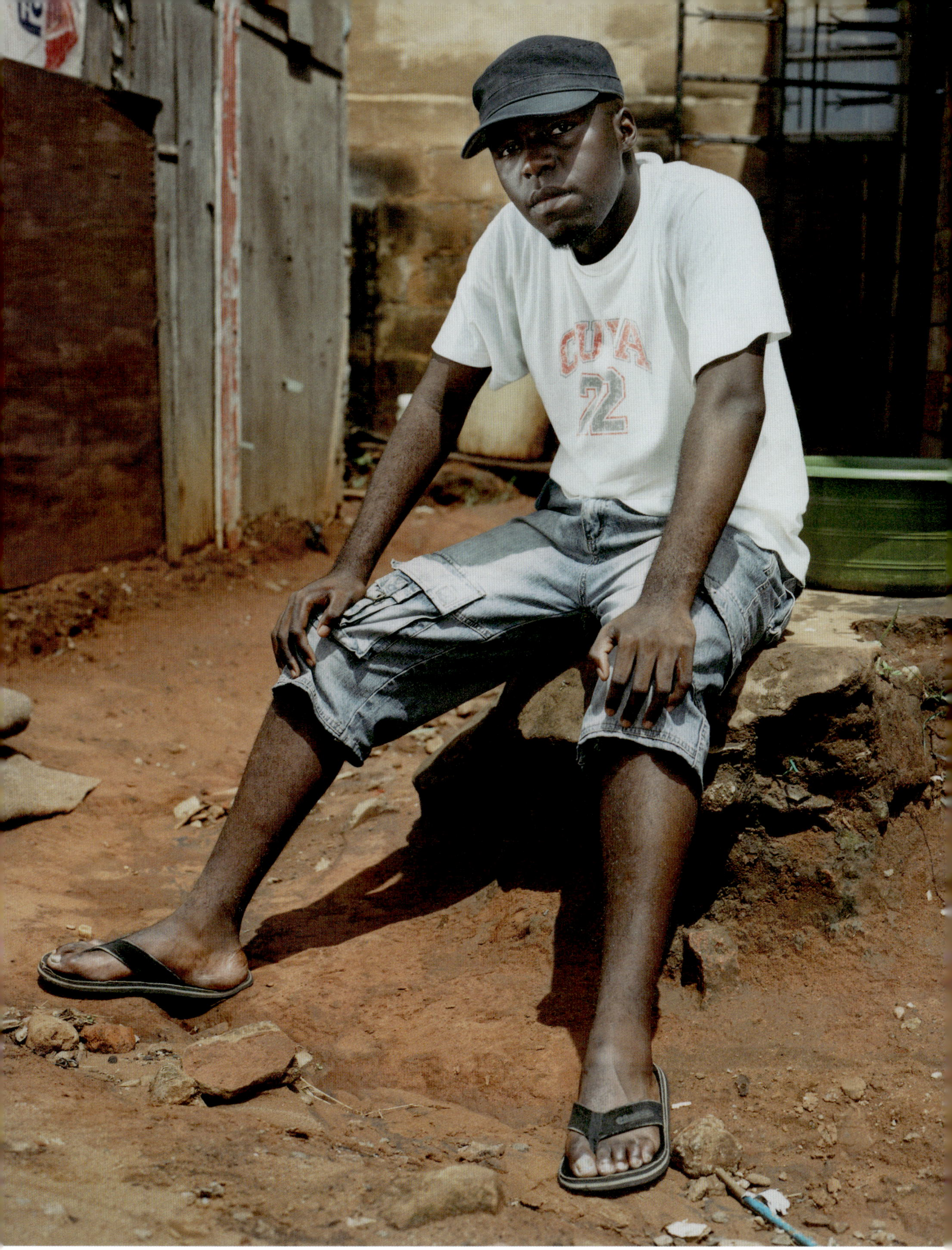

Mhlanga Nolinga, 59, Township Kwadabeka, Durban

(...) Meine Tochter Mirriam ist schwer krank. Ich weiß nicht, wie lange sie noch leben wird. Sie kann ohne Hilfe nicht mehr laufen.
(...) Zwei meiner Töchter sind schon an Aids gestorben. Das war 1996 und 2003.
(...) Nein, nur Domiso geht zur Schule. Das Schulgeld für seinen Bruder können wir uns nicht leisten.
(...) Die Regierung interessiert sich nicht für uns. Überall hängen zwar Plakate mit Telefonnummern, wo man anrufen kann, aber das nützt überhaupt nichts.
(...) Wenn der Markt vorbei ist, dann sammeln wir die Reste auf, die auf dem Boden liegen geblieben sind. Davon leben wir. Aber selbst um die Reste muss ich kämpfen, sonst bleibt uns nichts zu essen.

MHLANGA NOLINGA

Mirriam Mhlanga, 29, Township Kwadabeka, Durban. Mhlanga Nolingas Tochter

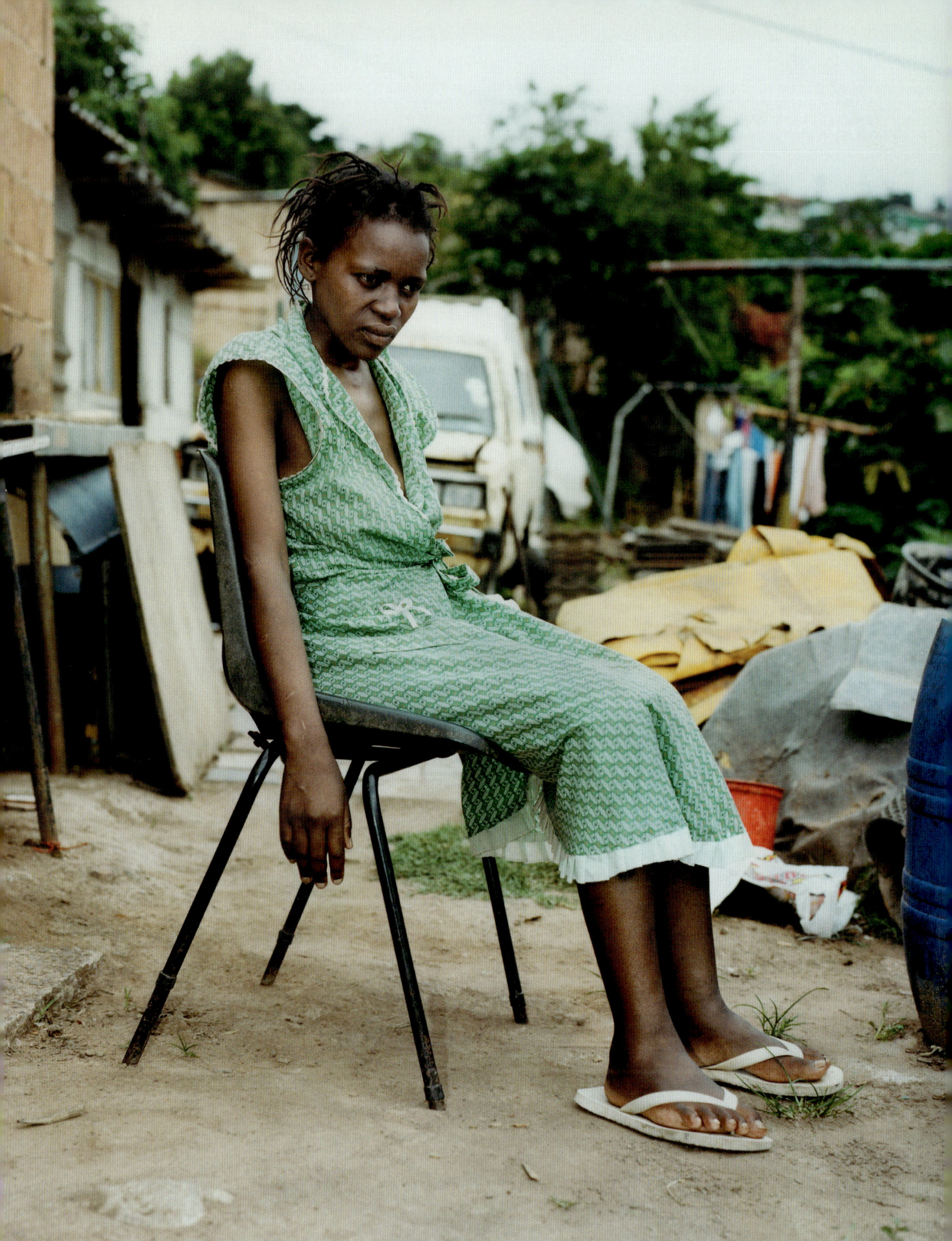

114   Anne Sibiyas Schlafplatz, Township Kwadabeka, Durban

Anne Sibiya, 19, Township Kwadabeka, Durban

Mildred Kunene, 58, Township Kwadabeka, Durban

Siza Kunene, 13, Township Kwadabeka, Durban

118 Familie Nomusas Wohnzimmer, Township Kwadabeka, Durban

Patrick Nomusa, 34, Township Kwadabeka, Durban

(...) Niemand hat mir gesagt, wie ich mit meinen Töchtern umgehen soll. Ich hatte ja keine Ahnung. Als die Zweite auch an Aids gestorben war, stellte ein Arzt fest, dass auch ich HIV-positiv bin. Aber das war mir in meiner Trauer egal.

(...) Ich hatte wohl eine offene Wunde an meiner Hand. Nur so kann es passiert sein.

(...) Wenn nicht bald etwas passiert in Südafrika, wenn nicht bald überall und jeder aufgeklärt wird, werden wir an Aids verzweifeln.

Alice Makhaye

Alice Makhaye, 75, Township Chesterville, Durban

Alice Makhayes Wohnzimmer, Township Chesterville, Durban

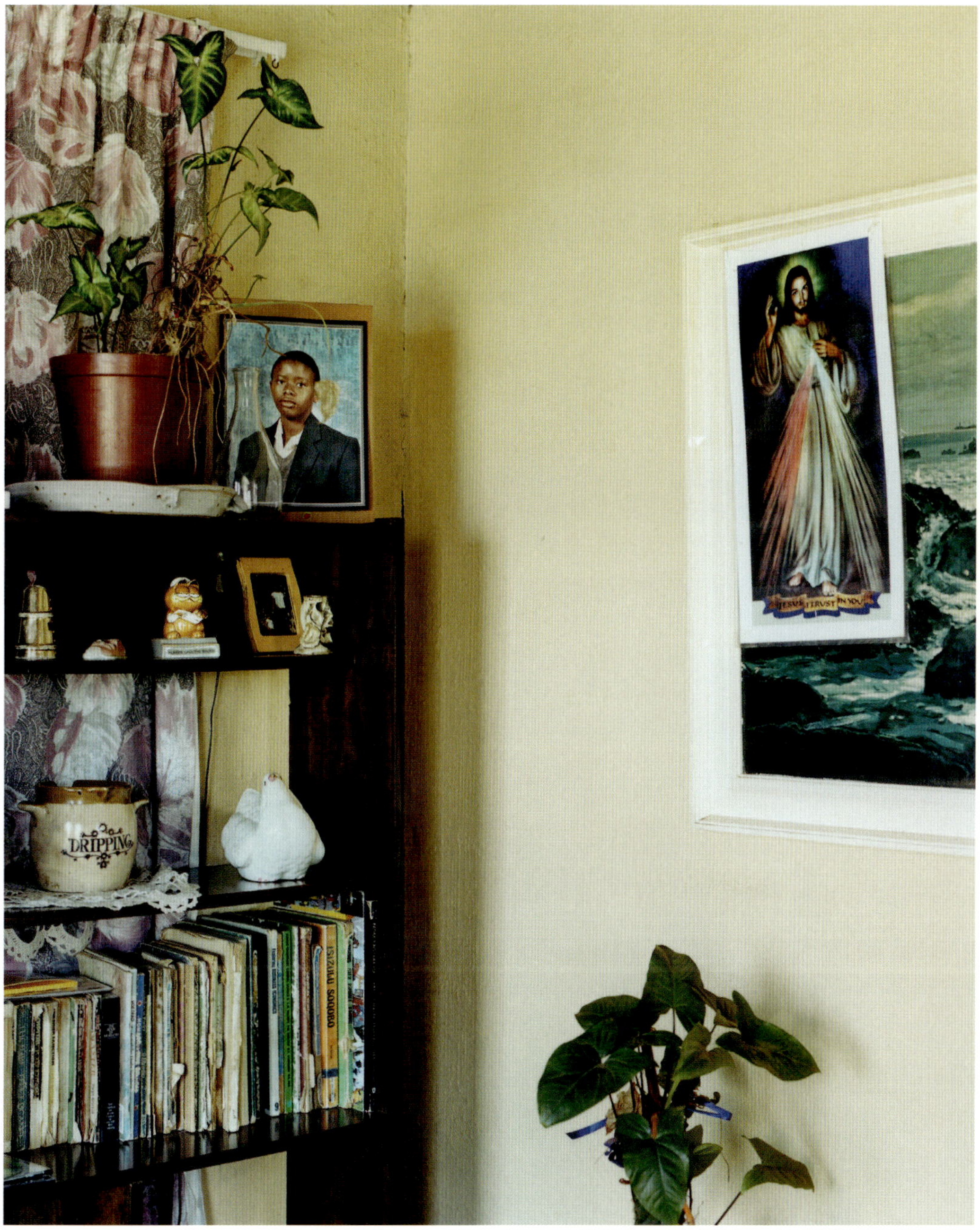
DRIPPING
JESUS I TRUST IN YOU

(...) Meinen Job habe ich erst vor ein paar Tagen verloren. Und weil ich noch nicht 60 bin, bekomme ich keine Rente. Also leben wir von dem Geld, das meine geistig behinderte Enkelin Princess vom Staat bekommt.
(...) Ich weiß nicht, was ich tun soll. Wenn ich morgens aufstehe, lebe ich nur in der Hoffnung, dass heute nichts Schlimmes passiert. Wie sollen wir leben? Das Geld, das wir für Princess bekommen, reicht überhaupt nicht aus.
(...) Meine Tochter starb 1995 an Aids. Sie hatte die gleichen Symptome wie jetzt mein Sohn Bomgumusa. Er lebt hier alleine im Haus. Er soll seine Privatsphäre haben.
(...) Die Medikamente kamen zu spät. Jetzt hat er Aids und Meningitis und kann nicht mehr laufen. Die meiste Zeit liegt er im Bett und spricht nicht.
(...) Er ist sich sicher, dass er sich bei seiner Freundin infiziert hat.

XULU SIZANI

Xulu Sizani, 57, Township Richmond Farm, Durban

Bomgumusa Sizani, 28, Township Richmond Farm, Durban

127

Londeka Jali, 4, Township Richmond Farm, Durban

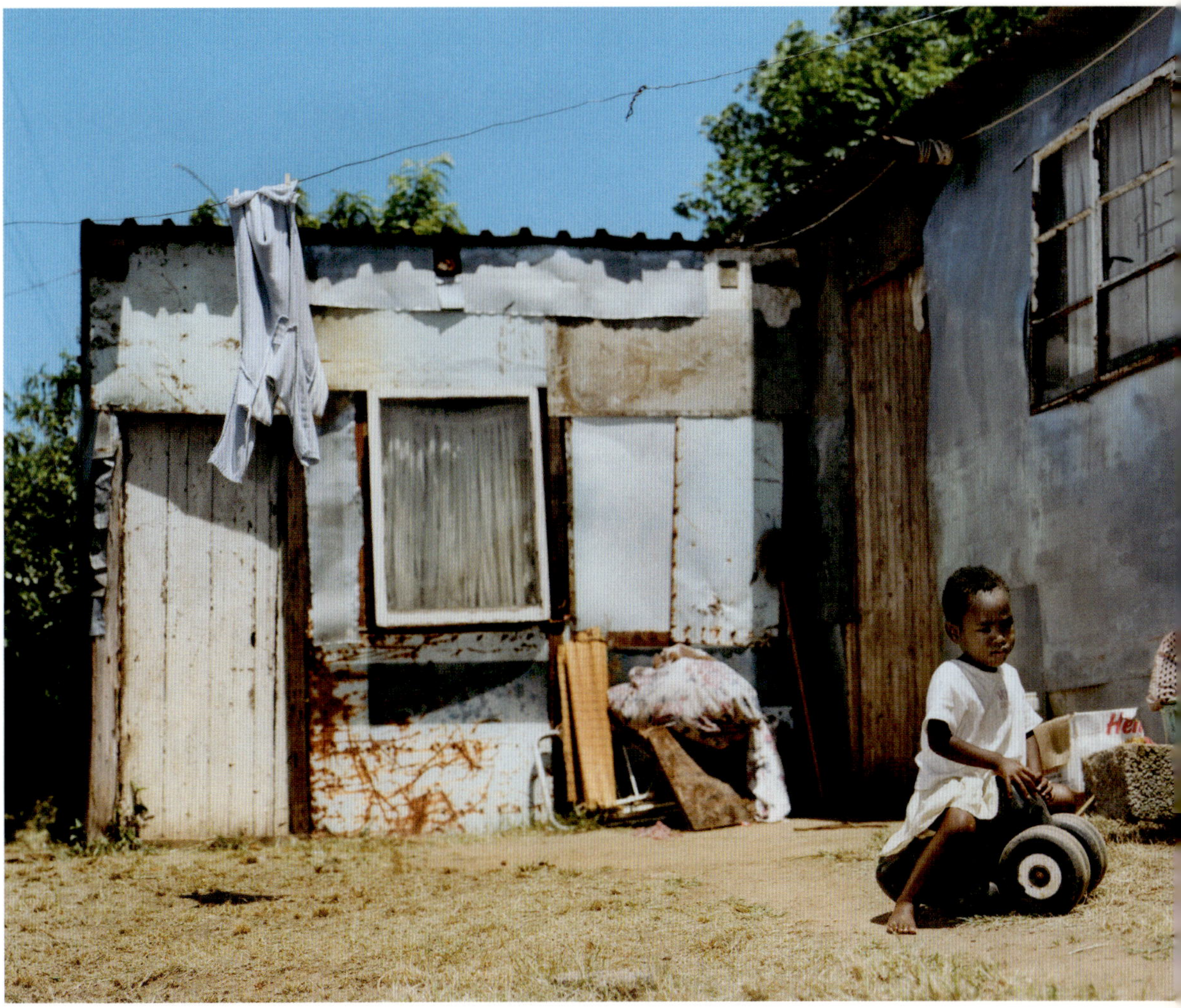

(...) Londeka ist vier Jahre alt und sehr krank. Während der Geburt hat sie sich bei ihrer Mutter mit dem HI-Virus infiziert.
(...) Meine Tochter starb wenige Tage nach Londekas Geburt. Sie hatte keine Chance, weil wir uns die teuren Medikamente nicht leisten konnten.
(...) Der Arzt hat uns nur ein paar Tabletten gegeben und sonst nichts gesagt. Wir wissen nicht, was wir mit Londeka machen sollen. Wenn sie ihre Asthma-Anfälle bekommt, haben wir jedes Mal Angst, dass sie stirbt.
(...) Was gegen Aids hilft? Nur Treue. Aber das interessiert die meisten Menschen hier nicht. Hier in den Townships ist es so: Nach dem Vergnügen kommt der Tod.

MAKHESWA JALI

131   Makheswa Jali, 61, Township Richmond Farm, Durban

Township Chesterville, Durban

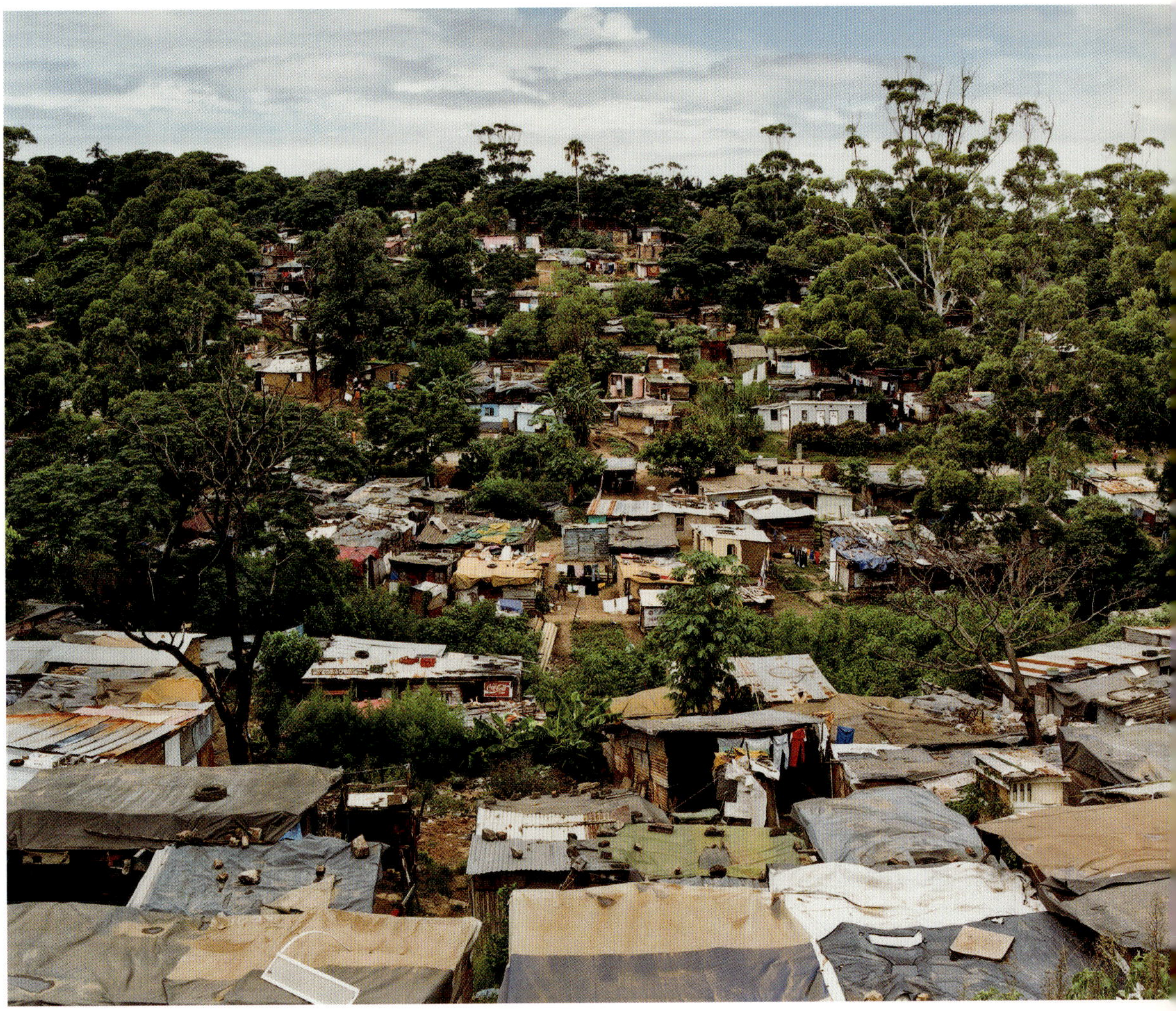

HelpAge Deutschland

HelpAge Deutschland ist ein entwicklungspolitisches Hilfswerk, das sich für die Förderung der wirtschaftlichen, sozialen und kulturellen Bedürfnisse und Rechte alter Menschen in den Entwicklungsländern einsetzt. Alte Menschen sollen dabei aktiv in die Gestaltung ihrer Lebensverhältnisse einbezogen werden und Politik mitgestalten. Seit mehreren Jahren fördert HelpAge die beiden in diesem Bildband vorgestellten Projekte in Afrika.

Der Anteil alter Menschen an der Weltbevölkerung wächst rasant. Mitte dieses Jahrhunderts wird es mehr Menschen über 60 Jahre geben als Kinder unter 15. Der größte und schnellste Anstieg wird in den Entwicklungsländern stattfinden, wo sich die Zahl der über 60-Jährigen in den kommenden vier Jahrzehnten voraussichtlich vervierfachen wird. Zwei Drittel der über 60-Jährigen leben schon heute in den Entwicklungsländern, 100 Millionen davon in großer Armut. Die steigende Zahl älterer Menschen bei gleichzeitiger Armut stellt viele Entwicklungsländer vor völlig neue Herausforderungen.

Zur Verbesserung der Lebensverhältnisse alter Menschen fördert HelpAge z.B. in Afrika Großeltern, die im hohen Alter die Pflege ihrer an Aids sterbenden Kinder und die Betreuung der Enkelkinder übernehmen. In Peru werden Altenclubs unterstützt, deren Mitglieder praktische Kenntnisse der traditionellen indianischen Kultur an die Kinder vermitteln, um zu verhindern, dass diese Kenntnisse unwiderruflich verloren gehen. In Asien wird die Gesundheitsversorgung alter Frauen verbessert und ihre Isolation reduziert. Katastrophenhilfe und Projekte der Katastrophenvorbeugung ergänzen die langfristigen Programme.

HelpAge Deutschland nimmt gleichzeitig Einfluss auf die Alten- und Entwicklungspolitik der Bundesregierung und der Europäischen Union und sensibilisiert Politik, Wirtschaft und Bevölkerung für die Bedürfnisse und Interessen alter Menschen. Dabei werden wir u.a. durch unseren Schirmherrn Henning Scherf unterstützt.

HelpAge Deutschland ist Partner des weltweit aktiven Netzwerkes HelpAge International, das seit 1983 existiert. Das Netzwerk arbeitet in über 60 Ländern des Nordens und Südens.

MUSA – Alte Menschen aktiv im Kampf gegen HIV/Aids

Schätzungsweise 5,6 Millionen Menschen leben in Südafrika mit HIV/Aids. In der Provinz KwaZulu-Natal sind über 30 Prozent mit dem Virus infiziert. Mehr als 300.000 Waisen leben hier. Mehr als die Hälfte von ihnen wird von Großmüttern versorgt.

Viele Ältere werden erstmals durch den Tod ihrer Kinder mit der Krankheit konfrontiert: »Es wäre besser gewesen, ich hätte mehr über die Krankheit gewusst, bevor meine Tochter starb. Doch sie hielt ihre Situation vor mir geheim«, erzählt Remember Phumalu. »Erst durch MUSA habe ich gelernt, was Aids bedeutet, und ich versuche nun, mein Wissen mit anderen zu teilen.« Zweimal pro Woche treffen sich Großmütter aus der Nachbarschaft in Remembers bescheidenem Heim in einem Vorort der Großstadt Durban, wo die 63-Jährige mit ihren zwei verwaisten Enkelkindern lebt. Es werden Erfahrungen ausgetauscht, Sorgen geteilt, aber auch ganz praktische Dinge besprochen: »Ich erkläre den Leuten, was sie bei der Pflege der Kranken beachten müssen. Zum Beispiel, dass sie Handschuhe tragen müssen, um sich nicht selbst zu infizieren.«

Für diesen großen Schritt hat Remember die Unterstützung von MUSA erhalten, einer lokalen Organisation, die sich seit fast 30 Jahren in der Arbeit für Ältere engagiert.

Über Gespräche, Information und Ausbildung möchte MUSA die Älteren im Kampf gegen Aids besser wappnen. »Sie sind Berater und Pflegende gegenüber ihren Kindern und Enkeln. Zusätzlich sind sie als Multiplikatoren befähigt, Nachbarn und Bekannte aufzuklären«, erläutert Thembekile Hlubi, die Leiterin von MUSA. Zunehmend gelingt es MUSA, den Wert der Alten und ihre unverzichtbare Rolle im Kampf gegen HIV und Aids auch auf der politischen Ebene bekannt zu machen: Die Angebote von MUSA werden bereits vom südafrikanischen Sozialministerium finanziell gefördert und die Organisation findet auch stärker Gehör, wenn es darum geht, Ältere in Programme zu HIV und Aids einzubeziehen.

Die vielen Erfolge im Kleinen geben Thembekile Hlubi Recht. »Trotzdem«, fährt sie fort, »bleibt noch unendlich viel zu tun. Der Kampf gegen HIV/Aids ist noch lange nicht gewonnen.« MUSA wird in diesem Kampf seit einigen Jahren von HelpAge unterstützt.

Kwa Wazee – Renten zur Grundsicherung und Stärkung der Selbsthilfe

Die Region Kagera westlich des Viktoriasees, im Grenzgebiet zu Ruanda und Uganda gelegen, war sehr früh und über das Maß von der Ausbreitung des HI-Virus betroffen.
Im vergangenen Jahrzehnt sind Infektionsraten und Erkrankungen zwar deutlich gesunken, doch die Aids-Pandemie hinterlässt immer noch tiefe Spuren in der Gesellschaft. Vom Tod, von der Schwächung oder der Verarmung der mittleren Generation sind alle Familienmitglieder betroffen – die Ältesten ganz besonders: »Ich habe acht Kinder geboren, sieben Töchter und einen Sohn. Zwei Töchter sind gestorben, vier Töchter sind verwitwet. Von meinem Sohn habe ich schon lange nichts mehr gehört. Er ist in die Stadt gezogen. Wer soll mich da unterstützen, wenn ich nicht mehr die Kraft habe zu arbeiten?«, erzählt Odilia. Sie ist 78 Jahre alt und lebt in ihrer Lehmhütte mit der 15-jährigen Enkelin Diana, für die sie sorgt, seit diese noch als Säugling zur Waise wurde. »Als ich noch viel Energie hatte, konnten wir von der kleinen Pflanzung leben und ab und zu etwas verkaufen. Doch heute habe ich vielleicht noch die Kraft für eine Stunde Feldarbeit und ich werde immer häufiger krank. Wie sollte ich da das Geld haben für Salz oder für Seife oder für Kerosin, damit wir Licht haben, wenn es dunkel wird? Seitdem ich die Rente bekomme, geht es mir jetzt besser.«
Odilia ist eine von mittlerweile fast tausend alten Menschen – zumeist Frauen –, die mit einer monatlichen Rente und einer Kinderzulage unterstützt werden. Der Betrag von wenigen Euro pro Monat ist zwar klein, doch die Wirkung ist unmittelbar: Bessere Ernährung, weniger Betteln und Notverkäufe von Land, bessere Hygiene und Gesundheit, ein markant besseres psychisches Wohlbefinden sowie größere Bildungsmöglichkeiten für die Enkel.
Zudem zeigte sich, dass alte Menschen mit einer Rente in Familie, Nachbarschaft und Gemeinde sozial integriert sind und dass sie über mehr Ressourcen verfügen, um ihre Situation aus eigenen Kräften zu verbessern. Mehr als die Hälfte aller Rentnerinnen und viele der von ihnen versorgten Waisen haben

sich inzwischen zu selbstorganisierten Gruppen zusammengeschlossen. Sie sparen für Notsituationen, können einander im Krankheitsfall unterstützen und schaffen gemeinsam kleine Einkommensmöglichkeiten.

Als Kwa Wazee 2003 gegründet wurde, war eine Rente für die allermeisten alten Menschen in Tansania nicht vorstellbar. Ein Recht auf minimale Absicherung im Alter durch den Staat schon gar nicht. Durch die guten Erfahrungen des Projektes und die intensive Lobbyarbeit von Kwa Wazee und HelpAge konnte die tansanische Regierung soweit beeinflusst werden, dass sie kürzlich die Einführung von allgemeinen Altersrenten in ihr Regierungsprogramm aufgenommen und erstmals die Weichen zum stärkeren Schutz alter Menschen gestellt hat. Bis zu einer Umsetzung wird trotzdem noch viel Überzeugungskraft und Beharrlichkeit notwendig sein.

Christoph Gödan
studierte von 1990 bis 1996 Visuelle Kommunikation mit Schwerpunkt Fotografie an der Fachhochschule für Gestaltung in Bielefeld. Der Fotograf ist heute für namhafte Magazine und Unternehmen im Bereich Porträt-, Reportage- und Industriefotografie tätig.
Für freie Projekte und Auftragsarbeiten bereist Gödan auch immer wieder Kriegs- und Krisengebiete. Darunter die Krisenherde auf dem Balkan, wo er die Verbrechen an der Zivilbevölkerung dokumentiert hat. In den letzten Jahren hat er den afrikanischen Kontinent in den Mittelpunkt seiner Dokumentationen gestellt. Für die Porträtserie in diesem Buch erhielt er 2010 den Medienpreis der Kindernothilfe. Die Reportage »Wasser«, in der er die alltäglichen und strapaziösen Wanderungen von Kindern und Jugendlichen zu Wasserstellen in Tansania in Porträt- und Reportagefotos festhielt, wurde ebenfalls im Jahr 2010 unter die besten Beiträge des international ausgeschriebenen Unicef Photo Award gewählt. Seit 1999 ist Christoph Gödan Mitglied der Fotografen-Agentur *laif* in Köln.

Henning Scherf
Der promovierte Jurist engagierte sich ab 1963 für die Bremer SPD, für die er von 1972 bis 1978 den Landesvorsitzenden stellte und von 1978 bis 1995 mehrere Senatorenämter in der Landesregierung übernahm. Von 1995 bis 2005 amtierte Henning Scherf als Bürgermeister und Präsident des Senats der Freien Hansestadt Bremen. Als Ministerpräsident bemühte er sich um einen bürgernahen Politikstil, der ihm in Deutschland große Popularität einbrachte. Heute ist Henning Scherf Schirmherr zahlreicher Organisationen, darunter HelpAge Deutschland, und Vorsitzender verschiedener bekannter Vereine und Verbände aus Kultur und Gesellschaft. In seinen Publikationen stellt Scherf die Generation der Älteren in den Fokus, indem er für einen veränderten Umgang mit alten Menschen wirbt. Zu seinen meistbeachteten Werken gehört »Grau ist bunt – was im Alter möglich ist«. In der Generation der Älteren sieht er die klassische ehrenamtliche Basis unserer Gesellschaft, denn wer heute 60 werde, habe im Durchschnitt noch 30 Jahre zu leben; genügend Zeit, um sich einzumischen und zu engagieren.

Jörg Boström
studierte von 1956 bis 1961 Malerei und Kunsterziehung an der Staatlichen Kunstakademie in Düsseldorf bei Professor Bruno Goller und von 1961 bis 1963 Geographie und Kunstgeschichte an der Universität zu Köln. Von 1963 bis 1972 arbeitete er als Kunsterzieher in Duisburg. 1964 begann die künstlerische Arbeit mit fotografischen Mitteln und im Dokumentarfilm. In den Jahren 1970 bis 1972 war Boström Fachleiter in Kunsterziehung am Studienseminar in Duisburg und wirkte von 1972 bis 2000 als Professor im Bereich Intermedia/Fotografie an der Fachhochschule Bielefeld im Fachbereich Gestaltung.

Dank

Mein besonderer Dank gilt den 52 Familien, die ich in den Townships um die Industriemetropole Durban und in der westtansanischen Provinz Kagera besuchen durfte und die mir in einer für mich bis heute beeindruckenden Offenheit Rede und Antwort standen und sich bereitwillig porträtieren ließen. Danken möchte ich auch Kurt Madörin und Stefan Hofmann von der NGO Kwa Wazee (Tansania) und Thembekile Hlubi von der Organisation MUSA in Durban. Ohne eure vorzügliche Hilfe hätte ich keine dieser Familien gefunden. Meine Fahrer und Übersetzer Jovinary in Kagera und Sifiso in Durban haben mich stets an mein Ziel gebracht, mir beim Fotografieren assistiert, meine Fragen und die Antworten der Großmütter geduldig übersetzt.

Greenpeace-Magazin, Michael Bünte (HelpAge Deutschland) und die Stiftung des Kulturwerks der VG-Bildkunst in Bonn haben meine beiden Reisen finanziert. Michael Bünte hat zudem wesentlich an der Organisation im Vorfeld der beiden Touren mitgewirkt. Auch euch herzlichen Dank.

CHRISTOPH GÖDAN

HelpAge Deutschland,
Alte Synagogenstraße 2, D-49078 Osnabrück
Tel. 0541-580 540 4
E-Mail info@helpage.de; www.helpage.de
Spendenkonto: 55517; Sparkasse Osnabrück, BLZ 265 501 05.

Verein Kwa Wazee
Stauffacherstrasse 7, CH-3014 Bern
+41 (0)31 331 38 15
info@kwawazee.ch; www.kwawazee.ch
Spendenkonto: Postfinance Bern, Schweiz, Konto-Nr. 30-473802-7

Kindernothilfe Österreich
Dorotheergasse 18, A-1010 Wien
Spendenkonto: 31002803031 Erste Bank, BLZ 20111

Kindernothilfe e.V.
Düsseldorfer Landstraße 180, 47249 Duisburg
Spendenkonto: Konto 45 45 40 Bank für Kirche und Diakonie eG – KD-Bank
BLZ 350 601 90

medicorfoundation

BILD-KUNST

www.mandelbaum.at

© mandelbaum *verlag*
Alle Rechte vorbehalten
1. Auflage 2012

ISBN 978-3-85476-382-6

Fotolithografie: Christoph Gödan
Lektorat: Erhard Waldner
Satz und Gestaltung: Michael Baiculescu
Druck: Donau Forum Druck, Wien